¿Qué pasó con el Evangelio? es medicina para mi alma. Su lectura acomoda, confronta, confirma y desafía. Pero en medio de ello trae sanidad, ya que la verdad conduce a la libertad real. Según percibo, R. T. Kendall tiene una doble tarea: él restaura la norma de los teólogos, ya que ama a Jesús verdaderamente; pero al mismo tiempo sufre por nosotros con la compasión de un pastor. Asume ambos roles a lo largo de este libro al tomar asuntos complicados para hacerlos simples y factibles. No hay duda de que necesitamos este libro. Pero más que eso, yo necesito este libro. Léalo y prepárese para el cambio.

—Bill Johnson
Bethel Church, Redding, California;
autor de *God Is Good*

¿Qué pasó con el Evangelio? responde a la pregunta más importante de la vida: ¿Cómo podemos ir al cielo? En medio de tanta confusión con respecto a esta pregunta fundamental y eterna, R. T. Kendall es el hombre adecuado para darnos una respuesta bíblica, ya que es un legendario maestro de la Palabra de Dios lleno de gracia y de verdad. Es mi deseo que este libro imparta el mensaje puro y poderoso de Jesús a nuestra generación y las generaciones venideras.

—Dr. Jack Graham
Pastor titular, Prestonwood Baptist Church,
Dallas, Texas

En virtud del «nuevo evangelio de moda» que impregna nuestras iglesias, el cual hace hincapié en la realización personal, R. T. Kendall nos lleva en su nuevo libro de vuelta al Nuevo Testamento, donde en lugar de la realización personal se habla de la disciplina espiritual de la abnegación. El nuevo evangelio de moda se enfoca en el hombre y su necesidad de felicidad. El evangelio del Nuevo Testamento se enfoca en Cristo y su plan de redención que fue hecho posible gracias al evangelio, su muerte, sepultura y resurrección. Conozco y admiro a R. T. Kendall desde hace más de cuatro décadas y, en la multitud de libros producidos de su prolífica pluma, nunca había sido más directo. Léalo y jamás volverá a preguntarse: ¿Qué pasó con el Evangelio?

—O. S. Hawkins
Expastor de la Primera Iglesia Bautista, Dallas, Texas; autor de la serie *Code*

R. T. Kendall lo hizo de nuevo. En su nuevo e importante libro *¿Qué pasó con el Evangelio?* trata una de las verdades más trascendentes para la hora que vivimos. Este es un libro que debió haber sido publicado hace mucho tiempo. Su contenido, más que relevante, es urgente. Su mensaje es desesperadamente necesario en esta hora. De forma valiente pero clara, R. T. aborda muchas verdades importantes, incluyendo los grandes errores que se promueven hoy en día, como el mensaje de la hipergracia. Él aborda estos temas con precisión bíblica, aplicación práctica y urgencia profética. Me parece muy pertinente que este libro se publique cuando se están cumpliendo 500 años de la Reforma de Martín Lutero, ya que necesitamos proclamar el verdadero evangelio de Jesucristo. El de R. T. Kendall es un valioso y poco común regalo para esta generación.

—Mike Bickle
Casa Internacional de Oración de Kansas City

Me encanta el título de este extraordinario nuevo libro escrito por mi buen amigo, el doctor. R. T. Kendall. Se trata de una pregunta básica para el momento que vivimos. Algunas partes de este libro seguramente lo sacudirán y serán un reto para usted; y otras lo prepararán y lo inspirarán. Pero el hilo común presente en cada página es la pasión de R. T. en seguir el Evangelio, todo el Evangelio y nada más que el Evangelio.

—Matt Redman
Compositor musical

Con todos los mensajes inquietantes que hoy nos bombardean, ¿cómo podemos discernir claramente el evangelio de Jesucristo? Afortunadamente, tenemos a R. T. Kendall, nuestro amigo incansable y veraz que habla de forma personal, histórica y clara para proclamar a Dios tal como es. Al leer las enseñanzas prácticas de este libro, nos enfocamos en la noticia más importante de la vida. No es una noticia perturbadora ni triste, sino una buena noticia. Para mí, para mi familia y para mis pacientes, ¡la noticia es demasiado buena para ser real!

—Dr. Anderson Spickard III,
Decano Asistente de la Facultad de Medicina
de la Universidad Vanderbilt

Este libro es como una inyección espiritual de adrenalina para una iglesia que está sufriendo un paro cardíaco. A muchos les parecerá controvertido, pero eso mismo nos dice algo del malestar presente dentro de las iglesias evangélicas. Bien sea que lo amemos o lo odiemos, no podemos y no debemos ignorar lo que R. T. ha escrito. La salud espiritual del pueblo de Dios está en juego.

—Malcolm Duncan
Pastor titular de la Iglesia Bautista Gold Hill,
Reino Unido; teólogo, autor y hombre de medios

Valiente, convincente e intransigente: una voz que necesita ser escuchada. *¿Qué pasó con el Evangelio?* puede ser el legado duradero de R. T. Kendall, un llamado profético para volver al Evangelio bíblico.

—Greg Downes
Director y entrenador ministerial, Wycliffe Hall, Oxford

R. T. da en el clavo. Por ejemplo: ¿Ha escuchado usted últimamente una enseñanza o al menos una mención del poder que hay en la sangre preciosa de Jesús? ¡La única forma en que esta generación no sea engañada como Jesús nos advirtió es leyendo, estudiando y proclamando Palabra! Gracias, R. T., por ser una voz en el desierto.

—Ricky Skaggs
Músico del género country

Doy gracias a Dios por mi amigo R. T. Kendall y su extraordinario libro: *¿Qué pasó con el Evangelio?* Como misioneros dedicados durante 37 años, hemos visto a muchos alcanzar la salvación a través de la cruz. Pero tristemente, también hemos visto a muchos otros que han comenzado a apartarse del Evangelio hacia una débil teología universalista. R. T. ha escrito una explicación clara y concisa del Evangelio puro de la salvación en Jesucristo, al cual Rolland y yo hemos dedicado nuestras vidas. En estos días en los que se proclaman tantas cosas en nombre del Evangelio, es un alivio poder enfocarnos de nuevo en el objetivo de nuestra fe, ¡la salvación de nuestras almas! R. T. coloca toda nuestra confianza en Jesús y en el poder de la cruz y es por ello que este libro es tan bien recibido y desesperadamente necesario.

—Heidi Baker
Iris Global

Dicho claramente, no hay nada más importante que la salvación de nuestra alma. En el más reciente libro de R. T. Kendall,

¿Qué pasó con el Evangelio? somos redirigidos al tema más importante de nuestra vida: ¿Somos salvos? En un tiempo en el que se pregona casi cualquier cosa sobre la vida cristiana desde los púlpitos, R. T. predica una confianza sólida en Jesús y en la cruz para nuestra esperanza eterna. No permita que ninguna idea ajena a esto socave su paz y seguridad. ¡Deje que este libro le ayude a enfocar su fe de manera directa y segura en lo que nos concede la vida eterna y todo lo que significa la salvación en Jesús!

—Rolland Baker
Iris Global

A medida que leía cada palabra del libro *¿Qué pasó con el Evangelio?*, pensaba: "¿Qué opinará Jesús de lo que se dice aquí?". Después de todo, esto era lo que el Padre tenía en mente cuando Jesús vino y murió en la cruz y dijo: "Este evangelio debe ser predicado en todo el mundo". El Espíritu Santo capacita a los seguidores de Jesús para predicar el evangelio. Estoy totalmente convencido de que este es el verdadero mensaje de parte de Dios. Sencillez en el llamado en venir a Jesús para alcanzar salvación, pero solidez en teología. Estoy complacido por el valiente paso que ha dado mi querido amigo y hermano, el Dr. Kendall, de escribir este oportuno libro. Apoyo totalmente su profundo mensaje. Es mi deseo que todos podamos compartir el verdadero mensaje del evangelio de Jesús con todo el mundo.

Un seguidor peregrino de Jesús,

—Arthur Blessitt
Lucas 18:1

R. T. Kendall ha escrito docenas de libros extraordinarios que he disfrutado enormemente, pero *¿Qué pasó con el Evangelio?* es la joya de la corona. Son las 95 tesis de Lutero, con la excepción que él las clava en el corazón de todo cristiano bíblico verdadero. Nunca antes en la historia moderna el Evangelio de Jesús había enfrentado tantos peligros desde tantos frentes. *¿Qué pasó con el Evangelio?* pone fin a todo el lastre que ha sido añadido al evangelio en los últimos tiempos. Es una lectura obligada para todo cristiano preocupado.

—Dr. Michael Youssef,
Vicario, Iglesia de los Apóstoles, Atlanta;
Autor del éxito de ventas *The Barbarians Are Here*

Un llamado de atención poderoso y profético a regresar y permanecer en la noticia más extraordinaria que el mundo haya conocido jamás: el Evangelio que enseñaron Jesús y sus discípulos. Lea y regocíjese en las grandes verdades de la Reforma expuestas en este libro persuasivo, ya que en ellas radica nuestra esperanza: primero y principal, el evangelio es el poder de Dios para salvación.

—Howard Satterthwaite
Primer Anciano de la Capilla de Westminster,
Londres

Nunca se podrá destacar suficientemente la importancia de este libro tan personal, profundamente teológico y absolutamente relevante. Se trata de volver al evangelio o de no ir a ninguna parte. Rescatar el histórico mensaje de Jesús, Pablo y todos los apóstoles del Nuevo Testamento es lo único que evitará que esta generación caiga cada vez más profundamente en el ateísmo, la religión falsa y la desesperación. Insto a todos los cristianos, líderes de la iglesia y buscadores sinceros de la verdad a que lean este libro.

—Reverendo Colin Dye
Pastor titular, Kensington Temple, Londres

En la década de 1960, la aparición de un énfasis más carismático dentro del movimiento evangélico fue una bendición para el mundo. Pero ahora, gran parte del mundo evangélico se está apartando del evangelio de una manera alarmante, por decir lo menos. El análisis y las advertencias de R. T. merecen especial atención, y su prescripción es sin duda la correcta: ¡Regresar al evangelio!

—Dr. Michael Eaton (1942–2017)
(Uno de mis amigos más queridos y cercanos, que vivió en Nairobi, Kenia, escribió este párrafo apenas unos días antes de morir en Johannesburgo, Sudáfrica, estando en una conferencia conmigo).

Conocemos a R. T. como maestro bíblico, pero en este libro tenemos a R. T. el profeta hablando palabra del Señor apegada a la Biblia en la vida y el testimonio de la Iglesia de nuestro tiempo. El mundo secular le atribuye la palabra *profeta* a algo nuevo e innovador. Los profetas en la Biblia por lo general llaman al pueblo de Dios a retomar algo que había sido olvidado. Eso es lo que hace precisamente este libro, y resulta alarmante que sea necesario, ya que es nada menos que un recordatorio del propio evangelio, al cual R. T. cree que diversas tendencias equivocadas y enormemente populares en la Iglesia evangélica y carismática actual están oscureciendo. En lo que a mí respecta, como líder durante muchos años del ala carismática de la Iglesia, estoy de acuerdo con él. Resulta muy oportuno que en el 2017, cuando se conmemora el quincuagésimo aniversario de la colocación de las noventa y cinco tesis de Lutero en la puerta de la iglesia en Wittenberg, se esté haciendo este llamado de atención. ¿Será escuchado o descartado? La Escritura tristemente nos dice que cualquiera de las dos respuestas es posible por parte del pueblo de Dios a la voz de un verdadero profeta.

—Reverendo Kenny Borthwick
Pastor de la Iglesia en Escocia;
exlíder de CLAN Gathering y New Wine Scotland

Quiero recomendar *¿Qué pasó con el Evangelio?* a todos los que tienen hambre de la verdad. Jamás cumpliremos la misión de Juan 17:17 si no tenemos la verdad. Este libro nos hará examinar más de cerca lo que se está predicando y por qué.

—Bobby Conner
Ministerio Eagles View

A través de enseñanzas y conocimientos inspirados, R. T. defiende el auténtico y verdadero evangelio. Este libro desmonta todos los errores obvios y no tan obvios por parte de fuentes conocedoras, charlatanes equivocados, o por mera ingenuidad teológica, y es una llamada de atención a la Iglesia a volver al Evangelio que nos fue dado en toda su belleza, suficiencia y poder.

—Tope Koleoso
Iglesia del jubileo, Londres

El ministerio de R. T. Kendall en la Westminster Chapel en Londres, y ahora en el mundo en general, ha tenido una influencia significativa en aquellos que valoramos tanto la Palabra como el Espíritu en la transformación de la vida humana. R. T. nunca le ha tenido miedo a la controversia en pro de la verdad y la vida, y por ello en esta obra recorre desde la Reforma hasta nuestros días para recordarnos lo fácil que puede ser perder el evangelio de solo la fe, solo la gracia. Su pasión por el evangelio y el Espíritu también debe ser nuestra.

—Roger Welch
equipo de Life in the Spirit, Reino Unido;
expresidente de Wycliffe Global Alliance

¿QUÉ PASÓ *CON EL* EVANGELIO?

¿QUÉ PASÓ *CON EL* EVANGELIO?

R. T. KENDALL

CASA CREACIÓN

La mayoría de los productos de Casa Creación están disponibles a un precio con descuento en cantidades de mayoreo para promociones de ventas, ofertas especiales, levantar fondos y atender necesidades educativas. Para más información, escriba a Casa Creación, 600 Rinehart Road, Lake Mary, Florida, 32746; o llame al teléfono (407) 333-7117 en Estados Unidos.

¿Qué pasó con el Evangelio? por R. T. Kendall
Publicado por Casa Creación
Una compañía de Charisma Media
600 Rinehart Road
Lake Mary, Florida 32746
www.casacreacion.com

Originally published in the U.S.A. under the title:
Whatever Happened to the Gospel?
Published by Charisma House, A Charisma Media Company,
Lake Mary, FL 32746 USA

Visite la página web del autor: www.rtkendallministries.com

Traducción por: www.thecreativeme.net (Ernesto Giménez)
Diseño de la portada: Lisa Rae McClure
Director de diseño: Justin Evans

Library of Congress Control Number: 2017958907
ISBN: 978-1-62999-370-6
E-book ISBN: 978-1-62999-376-8

Nota de la editorial: Aunque el autor hizo todo lo posible por proveer teléfonos y páginas de internet correctas al momento de la publicación de este libro, ni la editorial ni el autor se responsabilizan por errores o cambios que puedan surgir luego de haberse publicado.

Impreso en los Estados Unidos de América
18 19 20 21 22 * 7 6 5 4 3 2 1

Dedicado a todo el que defiende y predica el Evangelio de Cristo.

Si lee la historia, descubrirá que los cristianos que hicieron más por el mundo actual fueron precisamente aquellos que pensaron más en el mundo venidero. Desde que los cristianos han cesado en general de pensar en el otro mundo, se han vuelto muy ineficaces en este.

—C. S. Lewis[1]

CONTENIDO

Prólogo *por John Arnott* xxi
Prefacio xxv
Introducción xxix

1 Redescubramos el verdadero Evangelio. 1
2 La tergiversación del Evangelio. 13
3 Reconozcamos y evitemos lo falso 27
4 Una falsa enseñanza generalizada 37
5 No me avergüenzo del Evangelio 51
6 El corazón del Evangelio 71
7 La fe de Cristo 85
8 Una fe genuina, no falsificada. 103
9 La fe y las obras 113
10 El motivo por el que somos cristianos. 125
11 El infierno. 137
12 El cielo. 161

Conclusión 185
Notas 189
Índice 201

PRÓLOGO

El cielo es real, amigos; y sí, ¡el infierno también! Jesús lo enseñó claramente y está escrito en su Palabra. R. T. Kendall, en su último y muy oportuno libro: *¿Qué pasó con el Evangelio?*, explica estas verdades de la manera más clara y poderosa. Kendall señala que esta es la razón principal por la que Cristo vino a la tierra: salvarnos del juicio venidero en el fin del mundo y darnos la oportunidad de no ir al infierno, sino de ganar el cielo para la eternidad.

Jesús vino a rescatarnos. Vino a salvarnos del certero juicio del Dios eterno, nuestro Creador. Él es perfecto en todos los sentidos y, por lo tanto, no puede permitir que queden impunes las injusticias. La deuda debía pagarse, y ese era el gran dilema de Dios. La raza humana que tanto ama es incapaz de vivir desinteresadamente, sin lastimarse y sin lastimar a los demás. Esto es lo que conocemos como pecado. Y es justo aquí donde Jesús, el Hijo de Dios, entra en escena. Él vino a la tierra voluntariamente para pagar la deuda de nuestros pecados, dándonos la oportunidad de arrepentirnos, de creer en Él, y de decir: "Lo siento, Señor; por favor, perdóname", e invitarlo a entrar en nuestro corazón y nuestra vida de manera que por el Espíritu Él viva en nosotros y a través nuestro.

Este proceso nos confiere un corazón nuevo que aprende

a amar la luz y a odiar la oscuridad. Por lo tanto, nosotros no podemos pagar la inmensa deuda con el Eterno por nuestros propios medios, sino que solo puede hacerlo el Hijo de Dios, quien nos ama y murió voluntariamente por nosotros.

Cuando aceptamos a Jesús y lo invitamos a ser nuestro Señor y Salvador, Él entra en nosotros. De esta forma, se convierte en la puerta de acceso a las múltiples y abundantes bendiciones de Dios prometidas en la Biblia para cada creyente. Es allí cuando comienza el proceso de asemejarnos Cristo.

En una conferencia realizada en Inglaterra en el año 1947 poco antes de su muerte, Smith Wigglesworth, un famoso evangelista británico, pronunció una palabra profética sobre un avivamiento sin precedentes que recorrería el Reino Unido, Europa y el mundo. Dijo que no sería parecido a nada que hubiéramos visto antes. "Cuando la Palabra y el Espíritu se unan, habrá un gran movimiento del Espíritu Santo cual nunca antes ha visto la nación, e incluso el mundo"[1] (busque el artículo completo y léalo).

Han pasado setenta años desde la profecía de Wigglesworth. Aquel avivamiento masivo y transformador está a punto de ocurrir para sacudir la tierra, y no se tratará de un "evangelio" transigente, diluido, carente de poder o popular que no sea ofensivo o políticamente correcto. ¡No! Habrá un gran derramamiento de la Palabra y del Espíritu, pleno de verdad, poder, amor y milagros.

¡Vamos! Ahora que ha tomado en sus manos este ejemplar del libro *¿Qué pasó con el evangelio?* ¡Léalo! Sea como las cinco vírgenes prudentes de Mateo 25 y compre el aceite. Llene su vasija de la Palabra y del Espíritu. Mantenga encendido el fuego de Dios en su vida, y espere ansiosamente el regreso del Novio. ¡Compre el aceite de las Buenas Nuevas, vuelva a la batalla y juntos ganaremos este mundo para Jesús!

Por cierto, al final del libro encontrará un capítulo fantástico sobre el cielo. ¡No se lo pierda!

—John Arnott
Catch the Fire and Partners in Harvest, Toronto

PREFACIO

Este libro ha sido publicado en reconocimiento de una fecha importante en la historia eclesiástica: el quingentésimo aniversario de la contribución histórica de Martín Lutero (1483–1546) al clavar sus 95 tesis en la puerta de la iglesia del castillo de Wittenberg, en Alemania, el 31 de octubre del año 1517. Esta acción de Lutero condujo a la Reforma del siglo XVI que puso al mundo de cabeza. Martín Lutero es uno de mis héroes favoritos, y puedo afirmar con confianza que lo que escribo en este libro honra su redescubrimiento del Evangelio de Jesucristo.

Pero, ¿por qué entonces he llamado a este libro *¿Qué pasó con el Evangelio?* Desde que planteé esta pregunta en mi servicio de despedida en la Capilla de Westminster, en enero del año 2002, he estado anhelando convertir esta frase en un libro. Como dice el refrán: «Primero lo primero». Si la razón por la que Dios envió a su Hijo al mundo a morir en una cruz, para que podamos creer en Él y no perecer, sino tener vida eterna (ver Jn 3:16) no es lo primero, entonces no sé qué lo será. Si estar listos para morir y enfrentar el Juicio Final de Dios (Heb 9:27) no es lo primero, tampoco sé qué lo será. Lamento lo que voy a decir, pero en muchas iglesias, para muchos líderes y para muchos cristianos, el Evangelio no parece ser lo primero.

Satanás ha estado trabajando fuertemente durante

los últimos dos mil años para pervertir, distorsionar o reemplazar el evangelio histórico de Jesucristo por un énfasis diferente en la iglesia que no es predicar el evangelio. Esto, sin mencionar el surgimiento en el mundo de un evangelio diferente (Gl 1:6) o de otro Jesús (2 Co 11:4). Cuanto más viajo, leo, escucho y veo los canales de televisión cristianos, más se agita mi espíritu. Jeremías habla de un "fuego ardiente" que sintió en sus huesos (Jer 20:9), y es justo así como me siento. Supongo que todo escritor cree que su última obra es la más importante, sin embargo, no puedo imaginar un libro más importante que este.

Hice todo lo posible para que esta obra fuera positiva de principio a fin. Dicho esto, me veo obligado a advertir sobre el peligro latente que enfrentamos en la iglesia hoy tan clara y amorosamente como pueda. Muchos cristianos no conocen sus Biblias y eso los convierte en cristianos ingenuos, propensos a dejarse llevar por novedades doctrinales. Por favor, sea paciente si encuentra puntos sensibles y analice en oración la validez de lo que expreso en esta obra.

Quiero agradecer a Charisma House por publicar este libro. Como la mayoría de los lectores sabrán, esta prestigiosa editorial es conocida por promover las obras de escritores carismáticos. Me siento inmensamente bendecido por estar en esta lista y ser uno de ellos. Pero también me siento un Reformista por mi teología. Por sobre todas las cosas, no podemos olvidar que Charisma House es una editorial protestante y evangélica que se ha unido a las filas de muchos escritores cristianos que conmemoran el quingentésimo aniversario de las históricas 95 tesis de Martín Lutero. Y además, el 31 de octubre es también mi aniversario, ya que en esa fecha fui bautizado por el Espíritu Santo, como lo narraré en este libro.

Quienes han seguido mi ministerio a través de los años, sabrán que soy un hombre "de la Palabra y el Espíritu". Creo que la Palabra y el Espíritu deben unirse para que sea restaurado el honor del Nombre de Dios en la Iglesia y en el mundo. En ocasiones, me preguntan: "¿Qué quieres decir con la *Palabra*?". Mi respuesta es: las Escrituras en general, y el Evangelio de Jesucristo en particular. Este libro es un ejemplo de lo que quiero decir con *la Palabra*.

Muchos amigos me han dado sabios consejos sobre el manuscrito del libro. Mi exeditora, Barbara Dycus, amablemente abandonó temporalmente su retiro para ayudarme con esta importante obra. Su aliento y sugerencias han sido incalculablemente útiles. Agradezco también a Debbie Marrie por su maravillosa ayuda para poder completarlo. A Steve y Joy Strang de Charisma House, quienes son grandes amigos, les agradezco de todo corazón por publicar este libro. Mi mayor gratitud es como siempre, para mi esposa Louise, mi mejor amiga y mi mayor apoyo.

—R. T. Kendall
31 de octubre de 2017

INTRODUCCIÓN

"Cuando llegue al cielo espero recibir tres sorpresas". Esta es una de las frases más populares atribuidas a Martín Lutero, el reformador alemán que puso al mundo de cabeza en el siglo XVI por su redescubrimiento de la justificación por la fe. La primera sorpresa que señaló Lutero, es que encontrará en el cielo personas que no esperaba encontrar. En segundo lugar, que habrá personas que no estarán en el cielo, que él estaba seguro de que estarían. Y la tercera es la mayor sorpresa de todas: ¡Que él mismo estará en el cielo!

El propósito de este libro es mostrar:

1. Lo que el Nuevo Testamento quiere decir con *el Evangelio.*
2. Cómo podemos estar seguros de que iremos al cielo al morir.

Definición del verdadero Evangelio

El Evangelio es la buena noticia de que al morir iremos al cielo y no al infierno, si transferimos nuestra confianza en nuestras buenas obras a lo que Jesucristo, el Hijo de Dios, hizo por nosotros en la cruz.

Felicito afectuosamente y de todo corazón a todos aquellos que en diversas partes del mundo mantienen y predican fielmente el Evangelio histórico de Jesucristo, especialmente en Gran Bretaña y Estados Unidos, donde tengo muchos amigos. Esto incluye a los que predican en el ministerio público, así como a los laicos que mantienen un perfil muy discreto en la iglesia. Doy gracias a Dios por todos aquellos que no se avergüenzan del Evangelio puro de Jesucristo, ya sea al predicar en púlpitos delante de miles de personas o al repartir panfletos en las calles.

Al igual que a mí, le sorprenderá saber que la pregunta "¿Qué pasó con el Evangelio?", cobró relevancia antes de que finalizara el primer siglo del cristianismo, incluso cuando el apóstol Juan aún vivía. Sin embargo, por muy triste que parezca pocos se hacían esta pregunta en ese momento. El Evangelio fue dejado a un lado y nadie pareció notarlo. Prueba de esto es la carta de Jesús enviada a la Iglesia de Éfeso directamente desde el trono de Dios (Ap 2:1–7), escrita entre el año 70 y el 100 d. C.

Dos mil años después, esta pregunta se ha vuelto más relevante que nunca, especialmente cuando vemos algunos de los programas cristianos televisivos de hoy. Yo diría que al menos el 90 por ciento de lo que vemos en estos programas se enfoca en cualquier cosa, menos en el Evangelio. Los temas son:

- "El "evangelio de la prosperidad"
- "El evangelio de la salud y las riquezas"
- "El evangelio de declarar y recibir"
- "La enseñanza de la hipergracia"

- "El evangelio político"
- "El evangelio agradable"

Lo siento mucho, pero el denominador común de los programas cristianos actuales, es el dinero. ¿Qué pasó con el Evangelio? ¡El Evangelio es gratis!

"El evangelio de la prosperidad", que sugiere que Dios nos hace prósperos si apoyamos un ministerio en particular, ha eclipsado el Evangelio de Jesucristo en muchas cadenas de televisión cristianas. El énfasis en la adoración y en el canto ha hecho prácticamente lo mismo en muchas iglesias, comparado al poco tiempo que se dedica a la predicación, sin mencionar el contenido poco profundo de muchas canciones que se cantan hoy en día. La enseñanza de la hipergracia, esa premisa de que los creyentes no necesitan confesar sus pecados a Dios, ha tomado fuerza en muchas iglesias. Ha dividido al pueblo de Dios en diversas partes del mundo y en algunos casos incluso ha llevado matrimonios a la ruina. "El evangelio político", ya sea que se lo llame así o no, sucede cuando se deja a un lado el evangelio para subrayar cuán crucial es que votemos por un partido o candidato en particular. La teología del "teísmo abierto" (que definiré más adelante) ha sido la base doctrinal de muchas plataformas, a pesar de que algunos ni siquiera saben lo que significa este término.

Además, muchos se congregan en las iglesias carismáticas para recibir alguna palabra *remá* —una palabra de sabiduría o profecía personal—, pero a veces no muestran ningún interés en la verdadera razón por la que Dios envió a su Hijo a morir en la cruz. El evangelio de "declarar y recibir" sugiere que podemos tener todo lo que pidamos; solo debemos ponerle un nombre a lo que queremos y declarar que Dios nos lo dará. "El evangelio de la salud y la riqueza", predica que Dios quiere que todos estemos bien económicamente y seamos sanados, y si no recibimos es debido a nuestra falta de fe. ¿En serio?

Además de todo esto, ¿alguna vez ha pensado en la escasez de sermones y de instrucción sobre el infierno y el castigo eterno? ¿Se ha preocupado por la falta de temor a Dios en la iglesia y en la sociedad? ¿Se ha preguntado si podría haber relación entre la ausencia del temor a Dios y la ausencia de creencia en el castigo eterno?

Si esto no fuera suficiente para preocuparnos, ha habido una aceptación cada vez mayor del universalismo en la iglesia: la creencia de que todos nos salvaremos y nadie se perderá. ¡Esta creencia hace que el evangelio sea inútil! ¿Para qué predicar si todos nos vamos a salvar?

También me preocupo por muchas iglesias "de la Palabra", o iglesias "espirituales", especialmente en Estados Unidos, que se entusiasman más con la política que con el evangelio. Hay quienes sienten que tienen un llamado a apoyar a ciertos candidatos debido a sus puntos de vista conservadores. Mi deseo es que estén tan entusiasmados con el evangelio como lo están por quienes son elegidos para un cargo político. De derecha o de izquierda, sea correcto o incorrecto, me parece que el evangelio ha sido dejado a un lado para expresar sus puntos de vista políticos. No me parece correcto estar más entusiasmados con cuestiones políticas y sociales que con el Evangelio de Cristo puro, simple e indisoluble.

El verdadero Evangelio está siendo tan ignorado en muchas iglesias protestantes de Estados Unidos y Gran Bretaña —metodistas, bautistas, presbiterianas y episcopales—, que incluso han eliminado cualquier referencia a la sangre de Cristo de los himnos tradicionales. Al mismo tiempo, hay iglesias de la Palabra que enfatizan la santificación como la única forma de asegurar la salvación, opacando el atributo distintivo del evangelio. Dicho esto, no puedo dejar de señalar que casi en cualquier lugar al que vaya hoy en día, es sorprendente la cantidad de personas de todas las denominaciones —ya sea en iglesias de la Palabra o del Espíritu—, que no tienen la seguridad de su propia salvación simplemente porque no conocen el Evangelio.

Afortunadamente, aún hay muchos predicadores, maestros y laicos que no se han desviado del verdadero Evangelio. Este grupo cree y siempre ha creído en el verdadero Evangelio tal y cómo lo definimos al comienzo de esta sección. Espero sinceramente que esta obra sea un llamado de atención para que muchos otros puedan asegurarse de que lo primero —el verdadero evangelio—, se convierta una vez más en lo primero en su vida.

Hace muchos años, el fallecido John Wimber me extendió una invitación a cenar con él en Londres. Yo le había escuchado predicar en el Royal Albert Hall y había disfrutado su mensaje. Sinceramente, no suelo recibir "palabras" para los demás, pero estaba bastante seguro de que tenía una palabra para John. Estaba preocupado por algo, y le dije: "John, tú dices que 'los reformadores nos dieron la *Palabra* en el siglo XVI, pero que nosotros debemos *obrar* en el siglo XX'". Él asintió, pues esto había dicho en su prédica y su ministerio se basaba en enseñar a la gente a *obrar* mayormente a través de la oración para que otros recibieran sanidad. Así que agregué: "Le estás enseñando a faraones que no conocen a José (ver Éx 1:8). Supones que aquellos a los que les enseñas *conocen la Palabra*, pero John, mucha gente no tiene idea de lo que Martín Lutero le dio al mundo en el siglo XVI. ¿Cómo puedes enseñar a otros a obrar cuando en realidad no conocen la Palabra?".

John puso a un lado su cuchillo y su tenedor, colocó su mano en su pecho y me dijo: "Kendall, acabas de tocar mi corazón. Acepto por completo tu palabra". Si de alguna forma esto cambió su ministerio, no lo sé. Solo diré que nos hicimos buenos amigos y que estuvo conmigo dos horas en la capilla de Westminster unas semanas antes de partir al cielo.

El Evangelio, como ya lo definí y seguiré definiendo en este libro, ha estado detrás del telón durante mucho tiempo en todo el mundo. Y me estoy refiriendo al Evangelio histórico presentado por Jesús, completado por el apóstol Pablo en el Nuevo Testamento y articulado por los reformadores del siglo XVI.

Mi comprensión del Evangelio se ha refinado durante los últimos sesenta años o más. Como veremos, Juan Calvino (1509–1564) basó su comprensión del Evangelio en las enseñanzas de la justificación solo por la fe de Martín Lutero, no contradiciéndolas, sino aclarando lo que el apóstol Pablo y Lutero enseñaron.

Creo que Lutero estaba en lo cierto con su declaración de que muchos nos sorprendemos al ver personas en el cielo que pensábamos que no eran aptas para ir. ¿Será porque hemos establecido una norma de aptitud diferente a la del Señor?

Por si nos causa inquietud la pregunta de si extrañaremos ver en el cielo a algún amigo o un ser querido, pienso que de alguna manera no sentiremos dolor. Dios prometió que enjugará todas las lágrimas en la Nueva Jerusalén y que ya no habrá dolor (Ap 21:4). No creo que Dios permita que esa pregunta llegue a nuestras mentes en el cielo.

Vale la pena recordar la siguiente declaración de Pablo mientras se lee este libro:

> Así que, no juzguéis nada antes de tiempo, hasta que venga el Señor, el cual aclarará también lo oculto de las tinieblas, y manifestará las intenciones de los corazones; y entonces cada uno recibirá su alabanza de Dios.
>
> —1 Corintios 4:5

Capítulo uno

Redescubramos el verdadero evangelio

Estoy maravillado de que tan pronto os hayáis alejado del que os llamó por la gracia de Cristo, para seguir un evangelio diferente. No que haya otro, sino que hay algunos que os perturban y quieren pervertir el evangelio de Cristo.
—Gálatas 1:6–7

Un borracho vagabundeaba en un pueblo alemán a las dos de la mañana. En su caminar, pasó por la iglesia parroquial y entró en ella. Empezó a subir las escaleras que conducían al campanario y de repente tropezó, se agarró de una cuerda mientras caía y esa cuerda hizo sonar la campana. Intentando salvar su vida, se aferró con fuerza a la cuerda, la cual comenzó a subir y bajar, haciendo sonar la campana de forma incesante. De repente, las luces comenzaron a encenderse por todo el pueblo. Si una campana sonaba en medio de la noche, significaba que algo importante estaba sucediendo. Todo el pueblo se alarmó. La gente se dirigió a la iglesia, solo para encontrar al borracho aferrado a la campana luchando por salvar su vida.

Martín Lutero

El redescubrimiento de Martín Lutero de las enseñanzas del apóstol Pablo sobre la justificación por la fe, no solo tuvo una enorme influencia en Alemania, sino en toda Europa. Pero Martín Lutero no tenía la intención de despertar al mundo; él solo trataba de salvar su propia alma. Era lo único que anhelaba.

Martín Lutero, hijo de un minero del carbón, nació el 10 de noviembre de 1483 en Eisleben, Sajonia, Alemania.[1] Para complacer a su padre, ingresó a la facultad de derecho en la Universidad de Erfurt, pero eventualmente se retiró, quejándose de que las leyes representaban incertidumbre. En búsqueda de seguridad para su vida, se sintió atraído por la teología y la filosofía. Sus tutores le enseñaron a desconfiar incluso de los más grandes pensadores y a probar todo por experiencia propia. Sintió desilusión con la filosofía, pues no le enseñaba nada sobre amar a Dios, lo cual se había vuelto muy importante para él. Entonces, comprendió que solo podría conocer a Dios mediante la revelación y la lectura de las Sagradas Escrituras.[2]

El 2 de julio de 1505, con apenas veintiún años, Lutero se encontraba cabalgando durante una tormenta eléctrica y un rayo cayó muy cerca de él. Sintiéndose aterrorizado por la muerte y el juicio divino, exclamó: "¡Ayúdame, Santa Ana y prometo que seré monje!".[3] Santa Ana era la patrona de los mineros del carbón, así que le contó a su padre el voto que había hecho y que ahora debía cumplir. Dos semanas después, el 17 de julio, se convirtió en monje agustino.[4] Se dedicó al ayuno y a largas horas de oración y confesión.[5] Era tan devoto, que muchas veces volvía a confesarse una hora después de haberlo hecho, pues recordaba algún pecado no confesado. A los sacerdotes que escuchaban sus confesiones les fastidiaba verlo ir tan seguido, así que algunas veces evitaban tener que escucharlo por segunda vez.[6] En 1507, Lutero fue ordenado como sacerdote y en 1508 lo invitaron a enseñar teología en la Universidad de Wittenberg. El 19 de octubre de 1512, fue distinguido con un doctorado en teología.[7]

A Lutero le preocupaba cada vez más el estado espiritual de la Iglesia. Cuestionaba la veracidad y la solidez bíblica de la venta de indulgencias, que no era más que el pago por la remisión del castigo temporal por los pecados, y que se hacía el propósito de financiar la construcción de la Basílica de San Pedro en Roma.[8] Sus colegas le sugirieron que visitara Roma, pues sentían que necesitaba un descanso de sus estudios y ver la grandeza de Roma lo alentaría, así que decidió ir.[9] Ya en esa ciudad, subió por la *Scala Sancta*, la "escalera sagrada"[10] (cuando estuve en Roma hace unos años tuve la oportunidad de subir por estas escaleras. Me preguntaba cómo habría sido la experiencia, recordando especialmente lo que Lutero pensó cuando terminó de subirla). Esta escalera había sido construida de modo que cualquiera pudiera subirla de rodillas. Se toma unos cuantos minutos hacerlo, pero cada paso supuestamente garantiza varios años fuera del purgatorio.[11] Cuando Lutero llegó a la cubre de la escalera, pensó: "¿Quién sabe si esto es cierto?".[12] También lo desilusionó mucho enterarse de la inmoralidad de muchos sacerdotes allí. Estar en Roma no le hizo estar más tranquilo, sino que lo llenó de preocupaciones.[13] Más tarde escribió: "Fui a Roma oliendo a cebollas y volví oliendo a ajo".[14]

La "experiencia de la torre" de Lutero

En algún momento, entre los años 1513 y 1517, mientras estudiaba el libro de los Salmos y las Epístolas a los Romanos y los Gálatas, Lutero tuvo lo que se conoce como la "experiencia de la torre". Nadie parece saber la fecha exacta, pero sabemos que fue mientras estudiaba los Salmos, especialmente el Salmo 32, el 118, y las Epístolas a los Romanos y a los Gálatas. Fue en ese momento que cruzó la brecha de la duda a la convicción absoluta de la fe.[15] Del Salmo 118, dijo: "Lo llamo mío".[16] Y se sintió especialmente atraído por Romanos 1:17: "Mas el justo por la fe vivirá"; una cita de Habacuc 2:4, que aparece tres veces en el Nuevo Testamento en Romanos 1:17, en Gálatas 3:11 y en Hebreos 10:38. Su experiencia en la torre llegó cuando se convenció de que únicamente la fe, y no las buenas obras, satisface la "justicia pasiva de Dios".[17] Con esto, Lutero quería decir que *nada de lo que hiciera* podría satisfacer la justicia de Dios, porque Dios no se satisface con obras, sino que solo la fe satisface la justicia divina. La *justicia activa* es aquella que busca satisfacer a Dios por medio de las obras. Y la *justicia pasiva* es la que satisface a Dios sin que tengamos que hacer nada, y se da cuando Dios ve nuestra fe. "Es a través de la justicia pasiva que el Dios misericordioso nos justifica por la fe",[18] concluyó Lutero. Fe sin obras, por lo tanto, significa justificación *sola fidei*, "solo por la fe". Cuando Lutero comenzó a entender las implicaciones de esto, se volvió más valiente y más seguro.

Su descubrimiento se dio al comprender Romanos 1:17: "El justo por la fe vivirá"; es decir, *solo* por la fe. Esa palabra, *solo*, fue clave para Lutero. Una vez que vio las implicaciones de esto, nunca más miró atrás. Nunca volvió a ser el mismo, ni tampoco el mundo occidental, que las conoció poco tiempo después.

El día de los días

El 31 de octubre de 1517, cuando tenía 33 años, Lutero publicó sus famosas 95 tesis en la puerta —algunos dicen que era más bien como la cartelera—, de la iglesia del castillo de Wittenberg.[19] Él no tenía idea de las extraordinarias consecuencias de su acto. Aunque estaban escritas en latín, el idioma de los académicos,[20] la lista estaba compuesta de preguntas y declaraciones sobre la gente que compraba indulgencias como perdón temporal de sus pecados para acortar su tiempo en el purgatorio. En resumen, básicamente decía lo siguiente: "Si el Papa tiene poder sobre el purgatorio, ¿por qué simplemente no hace que todos salgan de él?".[21] El motivo de Lutero al escribir las 95 tesis, era iniciar un debate sobre las indulgencias. Sin embargo, alguien las tradujo al alemán y las imprimió y distribuyó sin su permiso. Este pequeño tratado se extendió como la pólvora. En tres semanas ya las había leído toda Alemania.[22] la gente común y corriente, estaba asombradas y emocionada. Hubo un revuelo entre los niveles más altos de la iglesia.[23] Dos meses después, las estaba leyendo el mismo Papa. Este fue el comienzo de un despertar que finalmente puso de cabeza al mundo occidental. Y todo comenzó porque Martín Lutero deseaba salvar su propia alma.

El evangelio y el tema de la salvación personal pasaron a ser temas de mucho interés. Hasta ese momento, la Eucaristía (la Cena del Señor) había sido el centro de la adoración en las iglesias, pero ahora la predicación se hizo popular, especialmente cuando se explicaba la Biblia. Esto a su vez provocó un entusiasmo entre la gente por leer las Escrituras,[24] pues antes de esto, se pensaba que solo los sacerdotes podían leerlas y entenderlas. Lutero luego tradujo la Biblia entera al alemán, ¡y todos comenzaron a leerla y, al escuchar las predicas, podían entenderla![25] Lo que se más tarde se convirtió en la gran Reforma, comenzó entre la gente común en Alemania.

Aunque el descubrimiento transformador de Martín Lutero fue el pasaje de Romanos 1:17, la Epístola de Pablo a los Gálatas era su favorita.[26] Romanos contiene el "evangelio más puro", pero Gálatas "es mi Catalina de Bora", dijo él.[27] Y se casó con Catalina en el año 1525.[28] En tres ocasiones, dio conferencias sobre la Epístola a los Gálatas, haciendo mucho énfasis en el tema de la ley de Moisés y el Evangelio. A continuación, tres citas interesantes de Lutero sobre el tema:

> Quien sepa distinguir hábilmente entre la Ley y el Evangelio, por la gracia de Dios también sabrá cómo ser teólogo.
>
> Cualquiera que desee ser teólogo [...] debe saber distinguir entre la Ley y el Evangelio.
>
> No hay hombre viviendo en la tierra que sepa distinguir entre la Ley y el Evangelio.

¡Es difícil leer la tercera cita sin reír! Pero Lutero era increíblemente transparente en todo lo que escribía y hacía. Luego de ser excomulgado de la Iglesia católica en el año 1521,[29] dijo: "Catalina y yo nos casaremos, tendremos bebés ¡y colocaremos los pañales en nuestro jardín delantero para que el Papa los vea!".

En la Dieta (la reunión oficial del emperador del Sacro Imperio Romano) de Worms Alemania, del 16 al 18 de abril de 1521, el asunto alcanzó a un punto crítico.[30] Lutero se presentó ante las autoridades. En una mesa cercana estaban veinticinco de sus tratados: *Sobre el papado en Roma, La cautividad babilónica de la Iglesia* y *La libertad cristiana*, incluidas sus 95 tesis. Allí le preguntaron: "Dr. Lutero, ¿se retracta de lo que ha escrito en estos tratados?".[31]

Él pidió veinticuatro horas para pensarlo. Durante esas horas, oró con fervor, pero sintió poco o nada de la presencia de Dios, así que escribió una oración. Implorando desde su celda, entre otras cosas, dijo: "Dios mío, ¿estás muerto? No, tú no puedes morir; solo te escondes".[32]

Al día siguiente, el 18 de abril de 1521 en la reunión, se le pidió que se retractara de lo que había escrito en los tratados. Su respuesta fue más o menos así:

> A menos de que se me convenza con las Escrituras y la mera razón —pues no acepto la autoridad de papas y concilios, ya que es bien conocido que se han equivocado y desmentido mutuamente—, me apego a los pasajes que he citado y mi conciencia es cautiva de la Palabra de Dios. No puedo retractarme y no me retractaré de nada, ya que ir contra la conciencia no es justo ni seguro [aquí estoy. No puedo hacer otra cosa]. Dios me ayude. Amén.[33]

Después de esto, Lutero fue secuestrado por unos amigos (para evitar que lo ejecutaran) y lo escondieron en el castillo de Wartburg.[34] Durante los siguientes once meses, tradujo la Biblia al alemán.[35] Y con esto, Alemania y toda Europa nunca volverían a ser las mismas.

El Evangelio de Jesucristo se convirtió en el tema primordial en su vida, y lo hizo libre.

Mi libro no es solo una conmemoración de la fe y el valor de Lutero. También creo que es una extensión de lo que comenzó en el siglo XVI. Necesitamos hoy una nueva reforma. Los aspectos de la batalla no son iguales en todas las generaciones. Lutero también dijo: "Cuando la batalla se recrudece, se prueba la lealtad del soldado".[36]

Nunca lo olvide: lo que comenzó este movimiento fue la búsqueda de Lutero de salvación para su alma. Él necesitaba saber que era aceptado por Dios más que cualquier otra cosa en el mundo.

Algunas preguntas importantes

Pregunto: ¿Alguna vez usted se ha preocupado por su alma y su destino final? Jesús hizo una pregunta incontestable: "¿De qué le sirve a un hombre ganar el mundo entero y perder su alma?" (Mr 8:36, LBLA). "Está establecido para los hombres que mueran una sola vez, y después de esto el juicio" (Heb 9:27). "Todos compareceremos ante el tribunal de Cristo" (Ro 14:10).

Por lo tanto, debo hacer esta pregunta: si tuviera que comparecer delante de Dios —y lo hará— y Él le preguntara (algo que podría suceder): "¿Por qué debería dejarte entrar en MI cielo?", ¿Qué diría? Solo hay una respuesta válida.

¿Cuál es su respuesta a esta pregunta?

Básicamente, este libro busca responder dos preguntas:

1. ¿Qué hace que una persona sea apta para el cielo?
2. ¿Qué sucede con aquellos que no van al cielo?

Mi experiencia teológica

Mi propia experiencia, de la cual le estoy muy agradecido a Dios, me ayuda a calificar para escribir este libro, y por eso considero que debería compartirla.

Me convertí en cristiano un domingo de Pascua, el 5 de abril de 1942, cuando tenía seis años. Ese día, antes de ir a la iglesia, les dije a mis padres llorando: "Quiero ser cristiano". Mi padre respondió: "No necesitamos esperar a llegar a la iglesia; puedes ser cristiano ahora". Me arrodillé junto a mis padres alrededor de su cama y confesé mis pecados. Cuando miro al pasado, no recuerdo que hubiera muchos pecados de los que fuera consciente, solo recuerdo que les respondía mal a mis padres y me sentía avergonzado de ello. Cargaba con esa culpa y lloré mientras oraba. Sentí una sensación de paz y alivio y jamás lo volví a hacer. Creo que realmente me convertí ese día. Pero, cuánto conocía del evangelio en ese momento, ya era otro tema.

Fui criado en la Iglesia del Nazareno. De hecho, mi nombre me lo colocaron por R. T. Williams, el predicador favorito de mi padre, Superintendente general de la Iglesia del Nazareno. Siempre he estado orgulloso de mis orígenes como nazareno. De hecho, eso fue lo que me hizo apreciar en gran manera al Dr. Martyn Lloyd-Jones (1899–1981), quien había leído una biografía de Phineas Bresee (1838–1915), el fundador de la Iglesia del Nazareno, y sintió que había algo genuino en Bresee y los primeros nazarenos, como un verdadero toque de Dios en ellos. El Dr. Lloyd-Jones solía decirme una y otra vez: "No olvides tu origen nazareno. Es lo que te ha salvado", queriéndome decir que ser nazareno me había salvado de ser como muchos pastores reformados que él pensaba que eran "perfectamente ortodoxos y perfectamente inútiles".

Ingresé al Trevecca Nazarene College (ahora Universidad) en Nashville, Tennessee, en septiembre del año 1953. Un año y medio después, en marzo de 1955, mientras estudiaba en Trevecca, fui llamado a ser pastor de la iglesia del Nazareno en Palmer, Tennessee, a unas 115 millas de Nashville. Conducía a Palmer los fines de semana y continuaba estudiando en Trevecca de lunes a viernes.

Un lunes en la mañana, el 31 de octubre de 1955, mientras conducía de regreso a Nashville, tuve lo que describiría como mi experiencia del camino a Damasco, aunque no se haya tratado de mi conversión. Fui bautizado por el Espíritu Santo, lo que el Dr. Lloyd-Jones llamaría "el sellamiento del Espíritu Santo". En la antigua carretera US 41, a unas pocas millas del fondo de Monteagle, Tennessee, el Señor Jesús se me apareció mientras conducía. Lo vi intercediendo por mí a la diestra del Padre. Una hora después, entré en un descanso de fe; mi corazón se encendió y se inundó de una paz que nunca antes había experimentado. Antes de la puesta del sol de ese mismo día, mi teología había cambiado. Sabía que era eternamente salvo, y se me dio una vislumbre de la soberanía de Dios. ¡Durante días me pregunté si había descubierto algo nuevo o si era el primero desde el apóstol Pablo en creer en estas cosas!

Debido a las opiniones que me estaba formando por mí mismo, William M. Greathouse, mi profesor de Trevecca, me advirtió: "Kendall, te estás yendo hacia el calvinismo". Nunca había leído nada de Juan Calvino o algún libro calvinista. Sabía que los peregrinos que vinieron a América en el *Mayflower* eran conocidos como puritanos, pero no había leído ningún libro puritano. Meses después, supe que no había descubierto nada nuevo, pero que había sido llevado a la corriente principal de la teología protestante. Aún hoy experimento una sensación increíble cuando recuerdo que aprendí estas verdades sin leer ningún libro.

Mi propio fondo teológico, sin duda, me ayudó a prepararme para la redacción de este libro. Crecí en una iglesia que enseña que uno llega al cielo cuando se "salva" y se "santifica por completo", siendo estas dos obras de la gracia. La segunda obra de la gracia también se llama "santidad", sin la cual nadie verá al Señor (Heb 12:14). La segunda obra de la gracia supuestamente nos permite "vivir alejados del pecado". Si pecamos, perdemos la salvación y estamos destinados al infierno. Algunos enseñan que la naturaleza pecaminosa fue "erradicada" por la segunda obra de la gracia,[37] aunque sorprendentemente, esto no impide que una persona peque.

Una de las tristes consecuencias de mi antigua enseñanza era que, y siento mucho decirlo, apenas se mencionaba el Evangelio de Jesucristo. En su lugar, casi se trataba completamente de vivir en santidad, de no ir al cine, y de que las mujeres no usaran maquillaje. Estos son algunos de mis recuerdos más indelebles. Elijo creer que de vez en cuando se predicaba el Evangelio. Ciertamente, se hablaba de la necesidad de ser salvos, o no les habría dicho a mis padres aquel domingo de Pascua que quería ser cristiano. Me he preguntado muchas veces si alguna vez escuché el verdadero Evangelio predicado por los cuatro pastores que escuché cuando crecí en Ashland, Kentucky. Seguramente sí, pero no estoy seguro.

La pregunta es la siguiente: ¿cómo puede uno llegar a ser cristiano en una atmósfera en la que el Evangelio puro rara vez es predicado, si es que alguna vez se predica? Buena pregunta.

Explicaré la enseñanza de Juan Calvino sobre la "fe implícita" más adelante, la cual afirma que una persona puede regenerarse sin entender completamente el Evangelio como lo entendía el apóstol Pablo. Esto explica por qué yo fui salvo siendo tan joven sin haber escuchado el verdadero Evangelio tal como lo entiendo ahora. ¿Cuánto se puede saber cuando uno tiene seis años? Esta era la edad de Jonathan Edwards cuando fue abrumado por la gloria del Señor.

Martín Lutero tenía mucho más que aprender, como veremos más adelante, especialmente respecto al libro de Santiago. Calvino aprendió de Lutero e hizo su enseñanza de la justificación por la fe más clara que nunca. Aun así, todos estamos aprendiendo. Cada vez que entendemos algo nuevo, nuestra reacción es: "¿Por qué no vi esto antes?". Y, "¿En verdad me convertí antes de saber esto?". Pero este nuevo conocimiento es en parte, lo que significa ser cambiado "de gloria en gloria" por el Espíritu del Señor (2 Co 3:18), o como lo traduce la Nueva Biblia al Día: "Con más y más gloria" por la acción del Señor. No se necesita mucho conocimiento para ser salvo. El menor grado de fe en un Dios maravilloso es lo único que se requiere. O como dice el gran himno "Vengan, pecadores, pobres y necesitados":

> Si tú esperas a ser bueno,
> Jamás lo alcanzarás.
> Lo único que se requiere,
> Sentir tu necesidad.
>
> —Joseph Hart (1712–1768)[38]

CAPÍTULO DOS

LA TERGIVERSACIÓN DEL EVANGELIO

¿Perseveraremos en el pecado para que la gracia abunde?
—ROMANOS 6:1

CUANDO RECIÉN SE publicó mi pequeño libro *Tithing* [El diezmo], le envié un ejemplar a un amigo especial en Estados Unidos para mostrarle su hermosa y colorida portada y para que pudiera ver que Billy Graham, John Stott y Sir Fred Catherwood respaldaban mi libro.[1] Me avergüenzo al admitirlo, pero mi deseo era presumir. Estaba muy orgulloso de mi gran "golpe", como lo había catalogado el editor. Pero mi intención al hacerlo fue grandemente malinterpretada. En vez de impresionarlo, mi amigo y su familia pensaron que les estaba enviando el ejemplar para regañarlos por no diezmar. La verdad es que esa nunca fue mi intención, aunque mis verdaderos motivos seguían estando equivocados: solo quería presumir. Lo gracioso del caso es que no me criticaron por presumir, sino por lo que percibieron como familia. Como se dice hoy en día, la verdadera realidad es la percepción que tenemos. Fui totalmente tergiversado, pero la experiencia me enseñó una lección.

A veces el Evangelio de Jesucristo es completamente

tergiversado. Todo depende de cómo se presenta, pues en realidad es asombrosamente simple. Algunos podrían decir que es demasiado simple. ¡Dios nos juzga por las obras! O, Dios sencillamente quiere nuestro dinero; y eso es ciertamente lo que pensaba la gente en Alemania en el siglo XVI. La iglesia instaba al pueblo a comprar indulgencias.[2] Enseñaban que Dios toma nuestras buenas obras como pago por la salvación.[3] Cualquier cosa piadosa *que hiciéramos* marcaba la diferencia, y no lo que Jesús hizo en la cruz.

Desde entonces, el evangelio es tergiversado con frecuencia. Una de las principales razones por las que esto ocurre, es porque parece demasiado bueno para ser verdad: somos salvos por algo que hizo un tercero. *Alguien* pagó nuestra deuda. *Alguien* compró un hogar para nosotros en el cielo con su propia sangre. Nuestro instinto natural nos dice que debe haber letras pequeñas. "¿Dónde está el engaño?", preguntamos.

Así que, si el evangelio que hemos conocido no parece demasiado bueno para ser verdad, tal vez aún no conocemos el Evangelio.

El propósito de este capítulo es demostrar cómo el Evangelio puro se ha dejado a un lado y se ha olvidado con el pasar de la historia.

El diablo odia el Evangelio

Amigo lector, le pido que me acompañe a observar algunos acontecimientos históricos relevantes que demuestran lo que quiero decir. El diablo odia el Evangelio puro de Cristo, así que hará lo que sea necesario para distorsionarlo, camuflarlo, esconderlo, añadirle, convertirlo en obras, estigmatizarlo, y alejarlo a usted de su correcto camino o disfrazarlo; ya que él mismo puede disfrazarse de ángel de luz (2 Co 11:14).

Es muy, muy difícil asimilar esto: podemos estar seguros de que iremos al cielo, simplemente confiando en el poder de la sangre de Jesús. Pero nuestro instinto natural nos dice que hay algo más que debemos hacer, algo para ganar la salvación o para demostrarnos a nosotros mismos que somos salvos. Esto se llama *justicia propia*.

En el otro extremo, tenemos a quienes entienden el Evangelio hasta cierto punto. ¡Piensan que no es necesario vivir en santidad ni tampoco confesar nuestros pecados! Si Jesús ya murió por nuestros pecados, ¿para qué confesarlos? Esto se conoce en nuestros días como la enseñanza de la "hipergracia", una herejía muy peligrosa. Esto es antinomismo en su más pura expresión, como veremos más adelante.

Estos puntos nos ayudan a entender por qué el Evangelio es con frecuencia tergiversado.

Estas tergiversaciones por lo general se manifiestan de dos maneras extremas: la justificación propia o el pecado flagrante. El escritor de himnos Augustus Toplady (1740–1778), famoso por su himno "Roca de la eternidad", señaló estos extremos, el fariseísmo y el antinomismo, cuando dijo:

> Cristo aún está crucificado entre dos ladrones.[4]

El fariseísmo

El fariseísmo son las enseñanzas o prácticas similares a las de los antiguos fariseos. Los fariseos fueron los principales enemigos de Jesús, pero eran vistos como las personas más consagradas de la época. Nadie dudaba de que eran justos. Pero Jesús los llamó "sepulcros blanqueados, que por fuera, a la verdad, se muestran hermosos, mas por dentro están llenos de huesos de muertos y de toda inmundicia" (Mt 23:27). Jesús estaba en contra de ellos, y ellos lo sabían. Por eso lo odiaban. Pero Jesús no los odiaba, sino que despreciaba su justificación propia. Todas sus obras, Jesús decía que las hacían "para ser vistos por los hombres" (Mt 23:5). Ellos pensaban sinceramente que eran superiores a los demás en su época por su apariencia de piedad. Diezmaban, ayunaban dos veces por semana, guardaban la Ley al pie de la letra (o eso pensaban), y creían que sus buenas obras los salvarían.

Algunos lectores conocerán mi libro compartido con el rabino Sir David Rosen de Jerusalén, titulado *The Christian and the Pharisee* [El cristiano y el fariseo] (el título fue su idea).[5] Durante un tiempo intercambiamos cartas que luego se convirtieron en un libro. Yo intenté probarle a él que Jesús es el Mesías de Israel, y él intentó hacerme entender por qué estaba en desacuerdo. Él, sin vergüenza ni miedo, se ve a sí mismo como un fariseo, aunque los fariseos en el Nuevo Testamento "no tengan buena reputación", como él mismo dice. Sin embargo, el rabino Rosen declara que para él, la expiación consiste en hacer buenas obras.

Los puritanos ingleses

Vine a Oxford en el año 1973 para estudiar a los puritanos ingleses. Durante años habían sido mis héroes, pero eso cambió cuando los examiné con detenimiento. Al estudiar a hombres notables, como William Perkins (1558–1602), el más influyente de los puritanos ingleses; y a Thomas Hooker (1586–1647), que se convirtió en el fundador del estado de Connecticut, sentí un poco de desilusión. Estos hombres tenían en común la creencia de que una persona debía estar "preparada" para recibir la gracia antes de ser verdaderamente salva.[6] Esta creencia me sonó inmediatamente a salvación por las obras.

Nunca olvidaré aquella tarde cuando leí los sermones de Hooker en el Museo Británico de Londres. Luego de muchos días y horas leyendo a Hooker, tratando de darle sentido a sus enseñanzas sobre la preparación y cómo se puede alcanzar cierto nivel de santidad *antes* de tener la garantía de la salvación, no solo me desilusioné, sino que enfermé. Lo recuerdo como si fuera ayer. Puse mis manos en el borde de la mesa, empujé la silla hacia atrás, miré hacia el techo y pensé: "¿Para esto vine a Inglaterra? ¿Es esto lo que se supone que debo predicar? Tal vez debí haberme quedado en mi antigua denominación". Aquel día empaqué mis libros y me fui.

Aun así, debo decir que la enseñanza de la preparación antes de recibir la gracia sigue viva y aún es aceptada en algunos lugares. Algunos enseñan que no podemos pretender ser cristianos hasta que demostremos perseverancia. Si lo hacemos bien, excelente; eso demuestra que realmente nacimos de nuevo. Pero si no lo hacemos bien, estaríamos demostrando que no somos realmente salvos después de todo. Me cuesta mucho aceptar este tipo de enseñanza, pues es precisamente de lo que fui liberado. Estas no son las "buenas nuevas". Si alguien me dice que no puedo tener la seguridad de que soy salvo a menos que manifieste santidad y buenas obras en todo momento, eso es esclavitud. Tendría que estar examinándome cada día y cada noche para verificar si aún soy salvo, revisando mi pulso espiritual cada día y preguntándome: "¿Estoy dentro o estoy fuera?". ¡Qué manera tan terrible de vivir! Y lo más terrible es que la conozco muy bien.

Pero ese no es el tema de este libro. El Evangelio son las buenas nuevas de que si colocamos nuestra confianza en aquello que Jesús hizo en la cruz, *iremos* al cielo y no al infierno. A esto yo lo llamo buenas nuevas. Pero si me dicen que también debo *tener* buenas obras para saber que verdaderamente tengo fe, las "buenas nuevas" se convierten en malas y tristes noticias, sin alegría y sin esperanza. Así fui criado, pero no es lo que creo hoy en día.

Hay una enseñanza extendida llamada "la salvación del Señor". Lamentablemente, los que la enseñan no quieren decir con ella que Jesús es Dios; que (en mi opinión) es lo que Pablo realmente quiso decir al plantear la *salvación del Señor.* Lo que dicen, es que no podemos pretender tener a Jesús como Salvador si antes no lo recibimos como Señor. Hasta ahí estamos de acuerdo. Ahora, ¿qué significa reconocerlo como Señor? ¿Significa que debemos obedecer todos sus mandamientos para poder estar seguros de que somos salvos? ¡Hay quienes prácticamente colocan la santificación por encima de la salvación como prueba de que realmente son salvos!

Este concepto trae a mi mente una historia muy conocida del folclore puritano. El suegro de Hooker le advirtió que su enseñanza era muy parecida a la de Thomas Shepard (1605–1649). Las enseñanzas de Shepard sobre la preparación "pretendían que fueran buenos cristianos antes de que conocieran a Cristo, como lo serían después de haberlo escuchado", afirmaba el suegro de Hooker.[7] No pude evitar preguntarme entonces, si el orden de la salvación de Thomas Shepard no es esencialmente el mismo de los que proponen la "salvación del Señor". Por lo tanto, la insinuación a la que se refería Shepard, era que aquellos a quienes estos hombres les decían que no tenían gracia salvadora, ¡posiblemente ya eran buenos cristianos! Al menos la preparación cambiaba sus vidas, pero nunca podían tener certeza de la garantía de su salvación. De hecho, prácticamente todos los puritanos que estudié, enseñaron que debíamos prepararnos para recibir la gracia. Y el predecible resultado era que sus oyentes luchaban continuamente para saber si eran salvos. Temían estar en el grupo de los no elegidos; aquellos a quienes Dios aún no les ha otorgado la salvación; los que tienen solo apariencia de conversión, pero que aún no han sido salvos. El muy respetado William Perkins, que fue el originador de esta enseñanza, se fue a la tumba sin saber si él mismo era salvo (por favor, vea mi estudio *Calvin and English Calvinism to 1649* [Calvino y el calvinismo inglés hasta 1649] por más detalles).[8] Para obtener la seguridad que requiere la enseñanza de la "salvación del Señor", hay que inevitablemente mezclar la esperanza con cierto grado de autojustificación.

Esta no es la intención del Evangelio de Jesucristo, según se enseña en el Nuevo Testamento de manera general ni de forma particular por el apóstol Pablo. Pablo dijo: "No me avergüenzo, porque sé en quién he creído, y estoy seguro de que tiene poder para guardar hasta aquel día lo que le he confiado" (2 Tim 1:12, NVI).

El antinomismo

La idea de que no importa si vivimos una vida consagrada, ya que somos justificados únicamente por la fe (conocida teológicamente como *antinomismo*) estaba destinada a surgir. No hay duda de que el temor al antinomismo (que significa literalmente "contra la Ley") fue lo que provocó que el descubrimiento de Martín Lutero en el siglo XVI quedara eclipsado por el legalismo del siglo XVII. Como se entiende popularmente, el antinomismo asegura que la manera en que vivimos no importa, ya que solo somos justificados por la fe. Irónicamente, los que vivieron en los siglos XVI y XVII, y que fueron acusados de esto, eran vistos como personas piadosas. Pero con frecuencia, el término se veía asociado a la hipótesis de una vida licenciosa. Irónicamente, el mismo Lutero lo utilizó, temiendo que se abusara de la enseñanza de la justificación por la fe y que no se viviera de una manera que se reflejara la norma establecida por los Diez Mandamientos. Si solo somos salvos por la fe y no por las obras, ¿no nos puede hacer esto proclives a pecar deliberadamente? Algunos lo tomaron así. Incluso Pablo enfrentó una situación similar en su época y condenó a aquellos que abusaron del Evangelio de esta manera (Ro 3:8).

Ahora, el Dr. Martyn Lloyd-Jones solía decir que si no se acusa al Evangelio de ser antinomista, ¡es probable que nunca lo hayamos predicado![9] No obstante, continúa diciendo que si creemos que Pablo realmente enseñó el antinomismo, ¡lo hemos malinterpretado!

El miedo a caer en el antinomismo tuvo un efecto en toda Europa e Inglaterra en el siglo XVI y en todo el mundo hasta la actualidad. Y era un miedo válido. Pero algunos le han temido tanto a ser acusados de ser antinomistas, que practican un evangelio por obras y no por gracia, haciendo que el Evangelio deje de ser una buena noticia.

La consecuencia del miedo al antinomismo en el siglo XVI fue que las valiosas enseñanzas de Lutero fueron puestas de lado. El Evangelio parecía ser demasiado bueno para ser verdad, así que el legalismo se abrió paso. Aunque lo que Lutero enseñó fue defendido teóricamente por los protestantes, al mismo tiempo fue ignorado al enfatizar que debemos dar muestras de que vivimos una vida santa para tener *una garantía* de nuestra salvación. El resultado fue que la gente temió no llegar a ser lo suficientemente santa como para tener la seguridad de la salvación. Sin embargo, algunos también enseñaron que se podía ser "réprobo", un término que los puritanos usaban para referirse a los no elegidos, y *aun así* manifestar los frutos de la santificación. Esta es la razón por la que los que seguían esta línea de pensamiento casi siempre carecían de seguridad. Estaban aterrorizados de que pudieran estar predestinados a la condenación a pesar de vivir una vida santa. Entonces, la enseñanza de Lutero de que somos justificados únicamente por la fe, se adoptó en términos generales, pero con la pregunta: "¿Cómo podemos *saber* que tenemos la *fe verdadera*?". La naturaleza de la fe se convirtió en el problema, cuando para Lutero el problema era la naturaleza de la justificación. La pregunta relativa a la naturaleza de la verdadera fe: *¿Cómo saber que la tenemos?*, opacó tristemente el redescubrimiento de Lutero de las enseñanzas de Pablo. El penoso resultado fue que la libertad que Lutero le dio a la Iglesia se convirtió en un nuevo tipo de esclavitud.

Los padres apostólicos

El término "padres apostólicos" se usa para describir a los personajes principales de la Iglesia primitiva que fueron convertidos por alguno de los doce apóstoles, como Juan, por ejemplo; o por alguien que vivió alrededor de ese período. ¿Qué pasó con el Evangelio? es una pregunta que debió haberse formulado antes del año 100 d. C., ya que parecería que el evangelio que Pablo enseñó comenzó a desaparecer antes de que terminara el primer siglo de la Iglesia. Pablo ya había advertido sobre una caída o rebelión (2 Tes 2:3). No voy a entrar en la discusión sobre si esta caída es escatológica (perteneciente a los últimos días) o si su cumplimiento ocurrió de alguna manera al final del primer siglo. Pero una cosa es cierta: comprender el evangelio, ese que luce demasiado bueno para ser verdad, y mantenerlo, es algo a lo que debemos darle la mayor importancia. Resulta muy fácil añadirle al Evangelio porque el Evangelio puro, no diluido, luce demasiado bueno para ser cierto.

Los principales enemigos de Pablo eran los "judaizantes". Este es el nombre con el que conocemos hoy a un grupo de judíos que afirmaban ser cristianos. Ahora, si estaban verdaderamente convertidos, ya es otro asunto. Estas personas intentaban convertir a los cristianos gentiles en judíos, exigiéndoles que fueran circuncidados. Acusaban a Pablo de no enseñar la Ley. Lejos de creer en la justificación que se obtiene solo por la fe, requerían que los gentiles *se sometieran primero a la Ley Mosaica* si esperaban ser salvos. Eran una espina en el costado de Pablo. De hecho, algunos piensan que a ellos era que se refería el apóstol cuando habló del aguijón en la carne en 2 Corintios 12:7. Estas personas solo buscaban alborotar las aguas del estanque cristiano. La salvación de las almas no era lo suyo. Siguieron a Pablo y se infiltraron en sus filas. Estos hombres eran profesos cristianos judíos que insistían en que, o se incluía la Ley Mosaica, o la enseñanza era falsa. Pablo los enfrentó todo el tiempo, pero se refiere más a ellos en su epístola a los Gálatas. En estos judaizantes era que Pablo estaba pensando cuando advirtió sobre la introducción de "un evangelio diferente" (Gl 1:6).

No sé si hoy tenemos un equivalente exacto a lo que eran estos judaizantes. La extinta Worldwide Church of God (Iglesia de Dios Universal) se acercó bastante. Sin embargo, me preocupa cualquier grupo que quiera introducir los antiguos días sagrados en la adoración, como aquellos que desean observar los sábados judíos, las fiestas judías o cualquier otro día que se considere sagrado en el antiguo Israel, los cuales fueron clavados en la cruz (Col 2:14).

Repito: el diablo odia el Evangelio. Un ser humano jamás podría inventarse un evangelio semejante. Años después de ascender al cielo, Jesús se dirigió a siete iglesias en Asia, y le dijo a la iglesia de Éfeso: "Has dejado tu primer amor. Recuerda, por tanto, de dónde has caído" (Ap 2:4–5). Como dije, esta advertencia llegó tan temprano como el año 70 d. C., y no más allá del año 100 d. C. Cuando vemos el estado del evangelio en la Epístola a los Efesios y el tiempo que Pablo le dedicó a esta iglesia (ver Hechos 19 y 20), resulta sorprendente que Jesús necesitara reprenderlos tan pronto como lo hizo desde su trono celestial.

Yo solía pensar que cuanto más nos adentráramos en la Iglesia primitiva, más probable sería que encontráramos a los que mejor conocieron al Señor y, por lo tanto, mantuvieron la teología más sólida. Me he dado cuenta de que ese no es necesariamente el caso. Algunos de los personajes que más admiraba, como Ignacio de Antioquía (fallecido en el año 108 d. C.) o Policarpo (fallecido en el año 155 d. C.), fueron mártires gloriosos de la fe, y por ello suponía que se trataban de los mejores ejemplos posibles de la sana doctrina cristiana después de la primera generación de la Iglesia más antigua. He aprendido la lección de que aquellos que mueren por Jesucristo no siempre son los más brillantes teológicamente. No es que estos hombres no hayan sido buenos; simplemente estoy diciendo que sus escritos no se parecen mucho a los de Pablo.

El profesor Thomas F. Torrance (1913–2007) produjo un trascendental estudio sobre la Iglesia primitiva en el siglo II, detallando las doctrinas de la gracia de los diferentes padres apostólicos.[10] Entre los padres apostólicos incluye no solo a los mártires santos que acabo de mencionar, sino a otras figuras principales del siglo II, como Clemente de Roma (100 d. C.) y *El pastor de Hermas* (siglo I o mediados del siglo II). También estaba la *Didaché*, conocida como "La enseñanza de los doce" (posiblemente del siglo I). Todas son fuentes valiosas para la comprensión de la Iglesia primitiva después de la era apostólica. ¿Pero podemos encontrar las enseñanzas del apóstol Pablo en los escritos de estos hombres? Es casi como buscar una aguja en un pajar. La conclusión del profesor Torrance sobre las doctrinas de la gracia en los padres apostólicos: prácticamente no había ninguna.[11]

La era de los padres apostólicos también incluye a algunos de los peores herejes, como Marción (circa 85–160). Marción fue un enemigo del evangelio y causó estragos en la Iglesia primitiva. Sin embargo, el historiador de la Iglesia alemana Adolf von Harnack (1851–1930) hace la increíble observación de que, a pesar de ser conocido por sus extrañas enseñanzas, ¡el antiguo hereje Marción fue la primera figura postapostólica en entender al apóstol Pablo! "Y, sin embargo, debemos decir que lo malinterpretó", continúa Harnack. Esto es lo que nunca debemos olvidar del antinomismo. Recordemos la observación del Dr. Lloyd-Jones: Si cuando escuchas el Evangelio no piensas en antinomismo, probablemente entonces lo que estás escuchando no es el Evangelio; pero si piensas que Pablo enseñó antinomismo, ¡entonces lo has malinterpretado!

No es sino hasta que llega a los escritos de San Agustín de Hipona (354–430) que encuentra a un hombre que verdaderamente ha comenzado a entender la doctrina de la salvación de Pablo. San Agustín también confirma las enseñanzas de Jesús sobre el castigo eterno. Sostuvo fielmente el evangelio de la gracia. No es que Agustín fuera perfecto o que debemos tomar al pie de la letra todo lo que escribió, pero fue la primera figura importante en la Iglesia cristiana en restaurar gran parte del evangelio puro de Jesucristo en la Iglesia. Por esta razón, hombres como Martín Lutero y Juan Calvino citan a San Agustín todo el tiempo para demostrar que no están propagando algo nuevo. Al tratar de probar que San Agustín lo dijo primero, se le haría más fácil a la gente creer.

He decidido con todo mi corazón mantener el tema de este libro positivo. Sin embargo, debo decir que me preocupa muchísimo que algunos predicadores populares y eruditos respetados han reinterpretado a Jesús y Pablo de una manera que, si muchos los toman en serio, podría hacer que el verdadero Evangelio desaparezca casi por completo. Un erudito británico bien conocido y respetado del Nuevo Testamento, posiblemente el más importante en el mundo de hoy, prácticamente ha desechado su pasado reformista en su reinterpretación de Pablo, y me temo que ha influenciado a muchas personas sinceras, especialmente a pastores. Él desecha completamente a Lutero y niega la justificación solo por la fe. Yo lo conozco bastante bien: él y yo estuvimos en Oxford en la misma época. Él pidió que le presentaran al Dr. Martyn Lloyd-Jones cuando el doctor me visitaba en nuestra casa en Headington, Oxford. Es un erudito brillante, y en ese momento se encontraba en la fase embrionaria de su innovadora interpretación de Pablo. El

Dr. Lloyd-Jones se preocupó inmediatamente por él, ya que este joven prometedor parecía estar buscándoles las cinco patas al gato a los escritos de Pablo. "Él es más listo que Pablo", me dijo el Dr. Lloyd-Jones tiempo después. Sin embargo, puedo decirles que fue precisamente el miedo al antinomismo lo que en parte lo llevó a su controversial posición.[12]

Por lo tanto, al escribir este libro también tengo en mente a la Iglesia del mañana, si es que Jesús se demora un poco más.

Capítulo tres

RECONOZCAMOS Y EVITEMOS LO FALSO

Pues vendrán tiempos cuando no soportarán la sana doctrina, sino que, teniendo comezón de oír, se amontonarán maestros conforme a sus propias pasiones.
—2 Timoteo 4:3, rvr95

Cuando dejamos la capilla de Westminster, Louise y yo vivimos en los cayos de la Florida. Teníamos unos vecinos maravillosos en Cayo Largo, pero solo lograba que asistieran a la iglesia cuando yo iba a predicar, y solo iban por cortesía. Ellos decían que habían encontrado un predicador en la televisión que satisfacía sus necesidades espirituales. "No podemos fumar si vamos a la iglesia, pero en casa podemos fumar y beber nuestros cocteles favoritos mientras lo escuchamos. Además, él nos hace sentir *muy bien*". Se referían a un predicador popular que cada semana comienza con palabras que sin duda son bíblicas. Sus palabras atraen a mucha gente sincera que está desilusionada de la Iglesia y quiere escuchar a alguien que parece creer en la Biblia. Muchos se sienten atraídos por lo que dice y su mensaje los hace sentir seguros. Debo admitir que yo mismo disfruto de sus predicaciones, ya que es un comunicador extraordinario. Sin embargo, ahora no puedo evitar preguntarme: ¿Qué pasó con el Evangelio? ¡Si él tan solo lo predicara!

En los últimos años, han surgido al menos dos tendencias nefastas en varios lugares que debemos tomar en cuenta. Una es la reactivación de una idea antigua que defendió primeramente Marción, el hereje del siglo II a quien ya me referí anteriormente. Él no solo fue la primera persona notable en la historia de la Iglesia en rechazar ciertos libros del Nuevo Testamento que no le gustaban, sino también el primero en separar el Nuevo Testamento del Antiguo, debido a que no le gustaba el Dios del Antiguo Testamento. La manera en que se aplica hoy es separando a Jesús del Antiguo Testamento. El Dios del Antiguo Testamento ha estado bajo un cruento ataque durante mucho tiempo. Podemos ver cómo crece cada vez más el número de personas que le dicen "sí" a Jesús, y un rotundo "no" al Dios descrito en el Antiguo Testamento. Yo pregunto: ¿Por qué Jesús nunca pidió disculpas en nombre del Dios del Antiguo Testamento?

La respuesta es que ese Dios es *su Padre*, y Jesús revalidó cada palabra del Antiguo Testamento hasta el final.

La segunda tendencia no es muy diferente de la primera, es la que le da un gran "sí" a Jesús, pero un "no" a Pablo. Aman las enseñanzas de Jesús el sanador, al Jesús que aceptó a los niños, al que enseñó que debemos amar a nuestros enemigos, incluso al Jesús que valientemente murió en la cruz. Pero muchos de ellos menosprecian las enseñanzas de Pablo. Y lo que más rechazan son sus doctrinas sobre la expiación, la justificación por la fe y su visión sobre la soberanía de Dios. Esto no es nada nuevo. Desde hace más de un siglo, algunos eruditos han afirmado que la fe cristiana iba muy bien hasta que Saulo de Tarso se convirtió. Cuando

Saulo se convirtió en el apóstol Pablo, lo echó todo a perder. Pero, como muestro en mi libro *The Sermon on the Mount* [El sermón del monte], la única manera segura de entender las enseñanzas de Jesús, es a través de la interpretación de Pablo de la Ley Mosaica.[1] Pablo es tan esencial para el desarrollo de la fe cristiana, como lo fueron los profetas para el desarrollo espiritual del Israel del Antiguo Testamento.

Muy similar a quienes aceptan a Jesús, pero no aceptan a Pablo, son aquellos que se identifican como «cristianos de la letra roja». En líneas generales, sus creencias se resumen en lo siguiente: aceptan solo las declaraciones de Jesús que están impresas en rojo en algunas ediciones de la Biblia. Yo también prefiero las ediciones que traen la letra roja; pero, los cristianos de la letra roja van aún más allá. Se agarran de las enseñanzas de Jesús para hacer valer sus puntos de vista liberales y políticos; entre los que se encuentra, por ejemplo, el apoyo a los matrimonios homosexuales. Aseguran que Jesús apoyaría ciertos puntos de vista liberales, pero que Pablo no lo haría. Y esto no es cierto. Según mi percepción, los cristianos de la letra roja son otro ejemplo de ser selectivos con las Escrituras, como si tuviéramos el derecho de escoger las partes de la Palabra de Dios que aceptaremos y las que no.

¿Pedir disculpas por la gran Reforma?

Paralelamente a estas peligrosas tendencias, está la aparente necesidad de algunos líderes de hoy de pedir disculpas por la gran Reforma. Algunos dicen que a la Iglesia le habría ido mejor sin personas como Juan Wycliffe (1320–1384), John Hus (1369–1415), William Tyndale (1494–1536), Martín Lutero, Thomas Cranmer (1489–1556), John Knox (1513–1572) y Juan Calvino. Personalmente, estoy en desacuerdo y doy gracias a Dios por estos hombres. De hecho, a todos Dios los levantó en un momento crucial de la historia. Wycliffe, conocido como la "estrella de la mañana de la Reforma", tradujo la Biblia Vulgata Latina al inglés. Hus fue quemado en la hoguera, en parte por popularizar los puntos de vista de Wycliffe en Europa.[2] Tyndale tradujo el Nuevo Testamento del griego al inglés y fue quemado en la hoguera por ello y por respaldar los puntos de vista de Martín Lutero[3] (por cierto, uno de nuestros nietos se llama Tyndale). Cranmer fue llevado a la hoguera en Oxford por sus opiniones sobre la Eucaristía.[4] Knox fue el fundador de la Iglesia Presbiteriana en Escocia. Las enseñanzas de Martín Lutero sobre la justificación por la fe cambiaron el curso de la historia en el siglo XVI, y mejoraron muchísimo la civilización occidental. El enfoque de Juan Calvino sobre las enseñanzas de Lutero, le dio un empuje a Inglaterra para establecer el Evangelio de Jesucristo en aquellas tierras verdes y agradables.

Cuando pienso en las expectativas de Lutero de sorprenderse al llegar al cielo por quiénes estarán allá y quiénes no, me pregunto si a mí también me sorprenderá ver a personas que sinceramente pensaban que sus obras los salvarían, o me sorprenderá no ver allá a algunos que manifestaban de manera consistente buenas obras. Por ejemplo, sé que muchos de mis antiguos amigos creen que irán al cielo porque han sido "salvados y santificados". ¿Será que me sorprendería verlos en el cielo? También, pienso en tantas personas que parecían ser cristianos sólidos por sus sacrificios y buenas obras; ¿será que me sorprendería si algunos de ellos no están en el cielo?

¿Qué hace entonces a una persona apta para el cielo? A continuación, una advertencia:

> Así que, no juzguéis nada antes de tiempo, hasta que venga el Señor, el cual aclarará también lo oculto de las tinieblas, y manifestará las intenciones de los corazones; y entonces cada uno recibirá su alabanza de Dios.
>
> —1 Corintios 4:5

Pensemos en la suposición de Lutero de que la mayor sorpresa que recibirá en el cielo será que él mismo estará allí. ¿Será que estaba bromeando? ¿No debería Lutero tener la seguridad de que estará en el cielo? Si tenía la seguridad, entonces, ¿por qué esto le causaría sorpresa? Respondo citando al Dr. Martyn Lloyd-Jones: "Un cristiano es aquel individuo al que le sorprende ser cristiano". ¡El Dr. Lloyd-Jones llegó a cuestionar la salvación de una persona que no estuviera sorprendida de ser cristiana! ¿Qué está pasando aquí? ¿Es esto una contradicción? No lo creo. Un verdadero cristiano se sorprende continuamente de serlo, es decir, está asombrado y no lo puede creer. Pero al mismo tiempo, sabe en su corazón aquello que es gloriosamente cierto: uno es apto para el cielo porque ha abrazado el verdadero evangelio.

El protagonismo de la predicación

Pero, ¿qué pasó con la predicación del evangelio? La gran Reforma dio pie a una restauración de la *predicación*. A Satanás no le agrada la predicación del evangelio y hará lo que sea necesario, siempre que pueda, para evitar que sea el centro de atención. En la Edad Media, la eucaristía tomó el lugar del evangelio. En parte es por esto que en las grandes catedrales los púlpitos no están en el centro, sino a la derecha o a la izquierda, y el énfasis se coloca en la eucaristía. La gran Reforma hizo que la predicación del evangelio fuera protagónica, y la arquitectura de muchas iglesias, especialmente en Suiza, así lo reflejaron.

Pero como dije antes, las enseñanzas de la Reforma del siglo XVI que liberaron a miles de personas, especialmente a través de la enseñanza de la justificación por la fe, se vio opacada en ese mismo siglo, especialmente en Inglaterra. Esto debido en parte a que la enseñanza puritana a la que yo denomino *predestinarismo experimental* en mi libro *Calvin and English Calvinism to 1649*, alentaba una introspección infinita.[5] Repito, mientras que la enseñanza de la salvación por la fe libera a las personas, los puritanos plantearon la siguiente pregunta: "¿Cómo saber si tenemos verdadera fe?", la cual hacía volver al punto de partida. Prácticamente nadie sabía con certeza si tenía una fe verdadera. Entonces, comenzaron a buscar pruebas en la Palabra de Dios de lo que significa tener fe, y encontraron, entre muchas cosas: amar la Palabra de Dios, guardar el sábado, mostrar "obediencia universal", guardar los Diez Mandamientos por *completo*, amar a los pastores de Dios y alejarse de todos los pecados conocidos. La gente comenzó a temer no poder alcanzar la norma bajo la cual se puede afirmar que se tienen una fe verdadera apartándose de todo pecado conocido. La libertad que produjo las enseñanzas de la Reforma se convirtió en una nueva esclavitud.

¿Qué pasó con el evangelio?

Si avanzamos rápidamente hasta el día de hoy, la pregunta: "¿Qué pasó con el evangelio?" vuelve a ser pertinente, especialmente cuando visitamos algunas iglesias o escuchamos la mayoría de los programas de televisión cristianos. Mi amigo Kenny Borthwick, pastor de la iglesia de Escocia, dice que a menudo intenta ver los programas de televisión cristianos a través de los ojos y oídos de un no creyente. Dice que "si no supiera que no es así, basándome en lo que escucho casi todo el tiempo, concluiría que el cristianismo solo se trata de dinero".[6] Y me temo que es verdad. Muchos pastores en la televisión apelan al interés egoísta de las personas, especialmente cuando se trata de las finanzas, con el propósito de obtener oraciones y apoyo financiero.

Cuando veo la mayoría de los programas cristianos, me pregunto: ¿Qué pasó con el Evangelio? Pienso más o menos lo mismo cuando presto atención a la letra de muchas de las canciones religiosas populares que se componen hoy en día. Algunas son sumamente vanas y superficiales. Una de las últimas canciones que escuché dice que Jesús nos da "besos húmedos inesperados" [de su letra en inglés].

Hace unos años se comenzó a hablar del "ministerio de los últimos días", y de que vendría a predicar en Lakeland, Florida. Empezamos a recibir llamadas telefónicas, especialmente de personas que estaban en Inglaterra. God TV estaba transmitiendo el supuesto "gran avivamiento" que había llegado a Lakeland. Empezamos a ver noche tras noche el programa, y nos sorprendió esto: nunca en mi vida había visto una oportunidad tan grande de alcanzar a personas en todo el mundo con el Evangelio. Naciones que nunca antes habían escuchado el Evangelio, ahora lo estaban recibiendo en sus hogares. ¡Qué gran oportunidad!

Sin embargo, faltaba algo importante: la predicación del Evangelio. El evangelista solo tenía "palabras de sabiduría" y oraciones por sanidad. Esperé y esperé a escuchar sus palabras evangelísticas. ¿Cuántas veces cree usted que escuché hablar del Evangelio? Solo una vez, una tarde cuando otro predicador invitado habló en lugar del evangelista principal.

Me pregunté: "Si estos son verdaderamente los 'pastores de los últimos días', seguramente Dios quiere que se predique el Evangelio de su Hijo, ¿no es así?". Entonces, concluí que aquel "avivamiento" no era de Dios.

Muchos me advirtieron: "No digas que no es de Dios; solo di que no estás seguro de que lo sea". Pero mantuve mi opinión: No era de Dios. ¡No había *convicción de pecado, ni predicación del Evangelio, y las personas eran bautizadas en el nombre del Padre, y del Hijo y BAM!* (no en el nombre del Espíritu Santo sino ¡BAM!). Cuando el avivamiento terminó abruptamente unas semanas después —debido a la inmoralidad del evangelista—, las personas me dijeron: "Kendall, tenías razón".

Y les pregunté: "¿Por qué esperaron a que saliera a la luz la inmoralidad del evangelista para convencerse? ¿Por qué no pudieron simplemente reconocerlo al escucharlo?".

Estamos viviendo en una generación en la que casi todos buscan su propia ganancia, lo cual podría ser el para nada sorpresivo resultado de la teología existencial que ha invadido la iglesia. El existencialismo se enfoca en la "existencia" propia: *vivir el aquí y el ahora*. No se preocupa por el futuro, ni el cielo o el infierno, ni enfrentar a Dios en el día del juicio, sino en vivir el presente. La "generación del milenio" probablemente se debe a la filosofía existencial. El resultado es que personas de todo el mundo se han visto arrastradas por toda clase de vientos doctrinales. Me asombra cada día más la cantidad de cristianos que no saben con certeza en qué creen. No saben explicarlo. Es como una epidemia de incertidumbre que arropa la Iglesia. Y lo más triste es pensar que en la Edad Media el pueblo en general no tenía Biblias, pero en nuestra generación todos tenemos biblias y no las leemos. Es común que los pastores citen "pasajes", no de las Escrituras, sino de fuentes más atractivas. ¡Incluso a veces llaman "charlas" a los sermones!

Yo no tengo nada en contra de los que defienden métodos "amigables" de predicación. Después de todo, Pablo dijo que debemos usar todos los medios para alcanzar a los demás (ver 1 Co 9:22–23). Sin embargo, una vez que alcanzamos a las personas y las persuadimos para que nos escuchen, ¿recibirán el *verdadero evangelio*? Esa es la gran interrogante.

Capítulo cuatro

UNA FALSA ENSEÑANZA GENERALIZADA

Y no es maravilla, porque el mismo
Satanás se disfraza como ángel de luz.
—2 Corintios 11:14

Imaginemos esto: un avión despega del Aeropuerto Internacional John F. Kennedy en Nueva York en dirección a Londres Heathrow. El piloto se da cuenta de que el avión está desviado un minuto de su rumbo luego de estar en el aire durante cientos de kilómetros. Esta pequeña desviación parece inofensiva, pero si no se corrige de inmediato, seis horas después el avión sobrevolará España en lugar de llegar a Inglaterra.

Exactamente así es como el evangelio original puede llegar a ser irreconocible, a pesar de que sus defensores estaban apenas un poco fuera de curso al principio. Pablo dijo:

> Porque os celo con celo de Dios; pues os he desposado con un solo esposo, para presentaros como una virgen pura a Cristo. Pero temo que como la serpiente con su astucia engañó a Eva, vuestros sentidos sean de alguna manera extraviados de la sincera fidelidad a Cristo. Porque si viene alguno

> predicando a otro Jesús que el que os hemos predicado, o si recibís otro espíritu que el que habéis recibido, u otro evangelio que el que habéis aceptado, bien lo toleráis.
>
> —2 CORINTIOS 11:2–4

Martín Lutero se las ingenió para que volviéramos al pensamiento de Pablo. Pero algunos de sus seguidores se salieron ligeramente del curso en un corto período. Con el tiempo, comenzaron a adorar a "otro Jesús".

Sin embargo, algunos en la Iglesia primitiva se alejaron del camino desde el principio, como en el caso de las enseñanzas del gnosticismo, una herejía paralela a la distorsión del evangelio de los judaizantes. Este fue el primer grupo de antinomistas en tener un perfil alto en el siglo I. Los gnósticos ofrecieron una "nueva vía de conocimiento". Dijeron: "Podemos mejorar la fe cristiana", y casi destruyeron la Iglesia primitiva. Entraron por la puerta trasera, transformando la gracia de Dios en lascivia (ver Jud 4). En la Epístola a los Colosenses, en 1 Juan y en gran parte de 2 Pedro y de Judas, se aborda el tema del peligro gnóstico. Estas enseñanzas también fueron condenadas por los primeros padres en su momento. Aun así, algunas de estas herejías han cobrado vida en la actualidad. Algo que podemos aprender de la historia de la Iglesia es que al parecer no aprendemos de la historia de la Iglesia.

En la Iglesia primitiva también estaban los que se desviaron apenas un poco del camino, como algunos de los padres apostólicos. Eran personas buenas e incluso muchos murieron en la hoguera por causa del Señor Jesucristo. Pero la más mínima desviación en la fe de los apóstoles resultaba ser más grave de lo que ellos se imaginaban, y la Iglesia tardó mucho tiempo en hacer las correcciones necesarias.

Una de las enseñanzas falsas que discutiremos en este capítulo, es la de la hipergracia. *No estoy diciendo* que quienes enseñan estas doctrinas no sean cristianos, ni tampoco que quienes los siguen no sean salvos. Pero son inmaduros, y van llevados a la deriva por un viento doctrinal que no les permite reconocer que se han desviado del Evangelio puro de Jesucristo. Lo que presento a continuación es un ejemplo de lo que representa perder nuestra mayor marca distintiva, el no usar correctamente la palabra de verdad (ver 2 Tim 2:15).

Ruego a Dios que usted pueda comprender la verdad general de este libro y la seriedad de los errores expuestos en ciertas partes importantes del mismo.

La enseñanza de la hipergracia

No sé si a quienes predican la "hipergracia" les guste que se utilice este término, ni sé quién le dio el nombre. Tampoco uso la frase de forma irónica, sino porque no sé qué otro término usar. Nos guste o no, parece que la frase ha calado, al menos hasta que esta horrible enseñanza se destruya por sí misma. Originalmente fue muy popular en el Lejano Oriente, especialmente en Singapur y Hong Kong; pero se ha extendido a Sudáfrica y Estados Unidos. Algunas redes cristianas de televisión fomentan esta enseñanza. Es solo cuestión de tiempo para que los productores de televisión lamenten el día en el que dieron cabida a estas personas.

Cuando escuché que el pastor de una iglesia famosa comenzó a enseñar la hipergracia hace unos años, me preocupé mucho. Conozco bien la iglesia, y de alguna manera el nuevo pastor se convenció de esta enseñanza. En el corazón de la enseñanza de la hipergracia está la creencia de que no hay necesidad de confesar los pecados; no hay cabida al arrepentimiento en este estilo de vida cristiana y todos los pecados ya han sido perdonados y lavados por la sangre de Jesús derramada en la cruz. Esta enseñanza *con toda seguridad* fomentará la promiscuidad sexual. De hecho, ya comienzan a llegar los informes de algunas de las iglesias donde esto se predica. Es cierto que ocurren situaciones similares en las iglesias que no adoptan la hipergracia, donde también hay casos de vidas licenciosas. Pero lo que quiero decir es que, ¡tales pecados deben ser confesados!

El rey David era un hombre según el corazón de Dios (1 S 13:14; Hch 13:22). Y cuando cayó, confesó sus pecados y se arrepintió:

> Ten piedad de mí, oh Dios,
> conforme a tu misericordia;
> Conforme a la multitud de tus piedades
> borra mis rebeliones.
> Lávame más y más de mi maldad,
> y límpiame de mi pecado.
>
> Porque yo reconozco mis rebeliones,
> y mi pecado está siempre delante de mí.
> Contra ti, contra ti solo he pecado,
> y he hecho lo malo delante de tus ojos;
> para que seas reconocido justo en tu palabra,
> y tenido por puro en tu juicio.
>
> —Salmo 51:1–4

"Pero eso era en el antiguo pacto —dicen quienes defienden la hipergracia— y, por lo tanto, no es relevante para nosotros que estamos bajo el nuevo pacto".

He visto fragmentos en YouTube de la esposa de un pastor que apoya la hipergracia, en los que aparece escasamente vestida y bailando sensualmente en el servicio de la iglesia. ¡La justificación detrás de este tipo del liderazgo es que esta clase de entretenimiento hará que más personas vayan a la iglesia! Sin duda en eso tienen razón. ¿Pero irán a la iglesia a qué? A escuchar a "otro Jesús" y un "evangelio diferente" (2 Co 11:4).

El apóstol Pablo acuñó en Romanos la frase "obediencia a la fe" en relación con el Evangelio (Ro 1:5). La obediencia es parte activa del Evangelio, por decirlo de una manera. Es lo que nos conduce a una vida santa y a nuestra herencia, pero es una enseñanza que los creyentes de la hipergracia no parecen reconocer en absoluto. Nuestra herencia, si la obtenemos, es lo que pertenece a la salvación (ver Heb 6:9).

Pero la enseñanza de la hipergracia nos dice que la obediencia no forma parte de nuestra responsabilidad, ya que somos salvos por gracia, solamente a través de la fe. Eso suena brillante. De hecho, el enunciado de esta enseñanza suena *muy* bien. Pero no es correcto. ¿Por qué? Porque ignora grandes porciones de la Biblia, especialmente las enseñanzas del Nuevo Testamento sobre la recompensa o la herencia.

Somos salvos por gracia. Solo por gracia y solo por fe. "Porque por gracia sois salvos por medio de la fe; y esto no de vosotros, pues es don de Dios; no por obras, para que nadie se gloríe" (Ef 2:8–9). La gracia es un favor gratuito, es obtener lo que no merecemos. La gracia viene de Dios, quien es "rico en misericordia" (Ef 2:4). Misericordia *no* es obtener *lo que* merecemos, que es el juicio. No tenemos derecho a jactarnos si somos salvos, ya que la salvación solo se obtiene por la gracia, y por eso alabamos a Dios en esta vida y lo haremos en la venidera.

Entonces, ¿puede la gracia ser exagerada? "Probablemente no", dijo mi difunto amigo, el teólogo Michael Eaton. "Pero puede ser retorcida".[1] Y eso es lo que ellos hacen. Se le llama *hipergracia* porque sacan conclusiones injustificadas, usando la lógica carnal para probar sus enseñanzas. Pero no pueden hacerlo sin echar por tierra grandes pasajes de las Sagradas Escrituras. Este para mí es el fondo del problema mayor: es negar la plena inspiración de toda la Biblia.

Gran parte de lo que enseña la hipergracia se asemeja a algunas de las enseñanzas de Marción, a quien ya mencioné anteriormente. Como dije, Marción fue el primero en la Iglesia primitiva en entender a Pablo, pero también lo "tergiversó". El marcionismo fue una de las herejías antiguas que fue antinomista hasta la médula. Marción fue el primero en separar el Nuevo Testamento del Antiguo; rechazando al Dios del Antiguo Testamento, a quien tildaba de iracundo y tirano, y asegurando que ese Dios estaba por debajo del Dios del Nuevo Testamento. Jehová no era el mismo Dios del que habló Jesús. Y en particular, rechazó la Epístola a los Hebreos y las Epístolas pastorales (1 y 2 Timoteo, Tito y Filemón).[2] Estas son las mismas epístolas que los creyentes de la hipergracia no aceptan.

Si no supiera que no es así, por muy raro que parezca, diría que la doctrina de la hipergracia se remonta a algunas de las enseñanzas de Karl Barth (1886–1968), a quien me referiré más adelante. Barth lleva la gracia a un extremo tal, que los escritores del Nuevo Testamento no la reconocerían.

Esta es la enseñanza básica de la hipergracia: Jesús hizo

todo por nosotros en la cruz. Todo. Nuestros pecados son lavados por su sangre y también nuestrodunamis pasado, presente y futuro. Hasta ese punto todo está bien; pero dado que nuestros pecados han sido totalmente perdonados por la sangre de Cristo, no hay necesidad de confesarlos. ¿Para qué confesar algo que ya ha sido perdonado en la cruz? Esa es la lógica que manejan. La *hipergracia* acentúa, intensifica y lleva a un extremo impensable esta lógica distorsionada. Lo que no alcanzan a ver es que esta creencia borra cualquier base para la intimidad con Dios y para obtener nuestra herencia. Como veremos a continuación, cada cristiano está llamado a recibir su herencia. Algunos lo hacen y otros no, pero esto es algo que ignoran completamente los maestros de la hipergracia.

Cuando citan ciertos libros de la Biblia, como 1 Juan, Hebreos o Santiago, responden que no deberían estar en el canon de las Escrituras. Esto me suena como las antiguas creencias de Marción. Y aunque tienen su propio canon, ¡también tienen dificultades con los libros que reconocen! En cuanto al padrenuestro, que incluye la petición: "Y perdónanos nuestras deudas, como también nosotros perdonamos a nuestros deudores" (Mt 6:12), alegan que fue algo dado por Jesús antes de morir en la cruz y por lo tanto es irrelevante hoy en día. Es decir, ¡las enseñanzas de Jesús solo fueron relevantes en sus propios días! Qué triste que alguien nos robe el privilegio de orar el padrenuestro. De hecho, eligen entre algunas de las enseñanzas que fueron dichas por Jesús antes del Pentecostés. Lamentablemente, algunas personas buenas y sinceras están aceptando estas enseñanzas hoy en día. Me entristece pensar en su final y me pregunto si será posible que terminen bien.

En cuanto al Libro de Apocalipsis, también es desdeñado

por quienes creen en la hipergracia. Recordemos las cartas que Jesús envió a las siete iglesias de Asia (Ap 2–3). A lo largo de este asombroso libro, nuestro Señor echa por tierra cada enseñanza de la hipergracia.

Según Michael Eaton, quienes aceptan la hipergracia cometen cuatro errores:[3]

1. Dicen que es incorrecto confesar nuestros pecados. Pregunto, cuando David dijo: "Pequé contra Jehová", luego de ser expuesto por el profeta Natán (2 S 12:13), ¿cometió un error al preguntar? Su respuesta de seguro será que esto ocurrió durante el antiguo pacto.
2. Como ya hemos observado, los que aceptan la hipergracia desechan grandes porciones de la Biblia.
3. Dicen que un cristiano no debe recibir mandatos de Dios. Esto podría hacernos sentir culpables, y nunca debiéramos sentir culpa. Incluso si se enseña que debemos orar y leer nuestra Biblia, estaríamos colocándonos "bajo la ley".
4. ¡Los creyentes de la hipergracia olvidan que somos hijos de Abraham! Después de todo, Dios le dijo a Abraham: "Vive en mi presencia y sé intachable" (Gn 17:1, NVI).

Eaton añadió que los creyentes de la hipergracia hacen que la justificación se "trague a la santificación".[4] Estos predicadores no distinguen entre nuestra posición en Cristo y nuestro llamado a la santificación (ver 1 Tes 4:3). Según

Pablo, a quien ellos elijen ignorar, la justificación es lo que *permite* demostrar una vida santa. Sin embargo, Michael Eaton nos recuerda que alcanzar una vida santa no ocurre de forma "automática", ¡y esa es la razón por la que Pablo escribió los capítulos 4 y 6 de la Epístola a los Efesios! Y yo agregaría que fue por eso que escribió también Romanos 12 al 16. ¡Y Gálatas 5 al 6!

Los creyentes de esta doctrina no dan cabida al llamado de Pablo a que debemos esperar una recompensa del tribunal de Cristo (ver 1 Co 9:27; 2 Co 5:10). Ignoran los versículos que dicen que debemos tratar de agradar al Señor (ver Ef 5:10); ignoran totalmente la doctrina de la disciplina de Dios (Heb 12:6–13) y, como dije, nunca toman en cuenta el llamado de los cristianos a recibir su herencia, que es de lo que trata la Epístola a los Hebreos. Las enseñanzas de la recompensa y de la herencia del Nuevo Testamento, no aparecen ni remotamente en el radar de la hipergracia. Quienes aceptan esta enseñanza son como niños jugando con una serpiente venenosa.

Un testimonio personal adicional

En secreto, simpaticé sin saberlo con los carismáticos durante unos veinte años o más, porque hablaba en lenguas espontáneamente y no quería contarlo. Ocurrió en aquellos tiempos en los que hablar en lenguas no era ampliamente aceptado (excepto en las iglesias pentecostales) y ni siquiera estaba remotamente en mi mente. Vino a mí con una repentina sensación de la presencia de Dios en febrero de 1956. De repente, tuve un agudo sentido de Dios. Había algo en mí, como en mi estómago, que era como un volcán que quería hacer erupción. La única forma de poder sacarlo era hablando en lo que solo puedo definir como sonidos ininteligibles. Había otras personas conmigo en el automóvil y me sentí avergonzado. Nadie dijo nada y entendí que acababa de hablar en lenguas. No le conté aquel episodio a nadie hasta que conversé con el Dr. Martyn Lloyd-Jones en el año 1977. Temía ser rechazado por cualquiera que escuchara lo sucedido. Sin embargo, él me aseguró que creía que se trataba de una experiencia genuina del Espíritu Santo. Y tal como escribí en mi libro *Holy Fire*, no hablé en lenguas cuando fui bautizado en el Espíritu el 31 de octubre de 1955,[5] sino unos cuatro meses después.

Uno o dos años antes de retirarme de Westminster, en el año 2002, me preguntaba qué haría cuando regresara a los Estados Unidos, donde era totalmente desconocido. Pensé: "Me convertiré en ermitaño y pescaré las veinticuatro horas del día en Cayo Largo". En ese momento, apenas un segundo después, recibí un mensaje tan real que casi fue audible, diciendo: "Tu ministerio en Estados Unidos será con los carismáticos". Mi corazón se aceleró. "Oh no, por favor", dije. Pero tal cual ha sucedido, sin que hiciera nada para lograrlo. Junto con otro ministerio, Charisma House me ofreció una plataforma para escribir y ahora la oportunidad de publicar este libro. A la edad de ochenta y dos años no sé cuántos días me quedan o cuántos libros más serán publicados. Pero considero que el presente libro es muy oportuno y oro para que Dios lo use para despertar a los cristianos durmientes de todas las denominaciones.

Teísmo abierto

Cuando en mi servicio de despedida en la Capilla de Westminster planteé la pregunta: "¿Qué pasó con el Evangelio?", lo hice porque me tenía preocupado que muchos líderes cristianos se estaban apartando del evangelio histórico. Entonces, invitaron a un famoso teólogo cristiano a ir a Londres para defender la visión llamada "teísmo abierto". Pero yo sabía lo que era: la teología del proceso con vestiduras evangélicas. Me la enseñaron en el seminario. La teología del proceso es casi ateísmo. El panteísmo enseña que: *toda naturaleza es Dios*. Algunos quieren llamarlo *panenteísmo*, que es muy similar al término anterior, significa que todo está *en* Dios. Algunos de mis profesores en el Seminario Bautista del Sur, en los días previos a su regreso a la ortodoxia, creyeron esto y lo enseñaron. Conocía las doctrinas que este teólogo traía a Londres. Yo nunca antes había pedido hablar en una conferencia, pero esta vez lo hice. El líder me lo permitió, pero una o dos semanas después, la directiva dijo que no. Yo ya sabía que esta enseñanza era mortal e incluso anticristiana, pero algunos de mis amigos estaban emocionados con ella. Yo estaba horrorizado. El día de la conferencia llegó y muchos asistieron. En ella, alguien le preguntó al tan conocido teólogo: "Si lo que usted dice es cierto, ¿es posible que Dios pierda y que el mal gane al final?". Él respondió: Sí. Y aunque el teólogo no esperaba que terminara así, realmente esa creencia lo hace posible. Es increíble. ¿Le parece que este es un buen final para el libro de Apocalipsis?

Para los que no saben, el *teísmo abierto* sostiene la creencia de que Dios no conoce el futuro, pero está dispuesto a que nosotros, sus hijos, lo ayudemos sobre lo que habrá de suceder. Dios no hace nada independientemente de nosotros, y depende de nosotros para la sabiduría y el futuro. Su creación lo "enriquece". Esta creencia es el polo opuesto de la enseñanza bíblica de la soberanía de Dios, pero aun así varios de mis mejores amigos la estaban aceptando.

Famoso en el infierno

Rolfe Barnard (1904–1969), uno de mis mentores, solía predicar un sermón al que tituló "El hombre que era conocido en el infierno". El sermón se basaba en el texto de Hechos 19:15, que dice: "A Jesús conozco, y sé quién es Pablo; pero vosotros, ¿quiénes sois?". Esto fue lo que los demonios les gritaron a algunas personas que pensaban que expulsar demonios en el nombre de "Jesús, el que predica Pablo", era un juego. Pero descubrieron que no era así. Lo que Rolfe quería resaltar era que aquellos que trataban de expulsar a los demonios *no eran conocidos en el infierno* (del griego: *tartarus*, usado también en 2 P 2:4). Los demonios, sin embargo, sabían bien quién era Jesús y también conocían a Pablo. La esencia del sermón de Rolfe se resume en una frase: "Quiero ser conocido en el infierno".

Yo pienso igual. Prefiero ser famoso en el infierno que en este planeta. Pero me temo que apenas soy conocido, si es que lo soy, en el mundo satánico. Me gustaría pensar que le he estado dando tantos problemas al diablo, que me hice famoso en el infierno.

Si preguntaran qué tan firmemente creo lo que escribo en este libro, respondería: "Estoy dispuesto a morir por esto", ya que lo que escribo en este libro es exactamente lo que el apóstol Pablo expone en sus Epístolas, especialmente en Romanos y en Gálatas. Me encantaría repetir sus palabras:

> Mas si aún nosotros, o un ángel del cielo, os anunciare otro evangelio diferente del que os hemos anunciado, sea anatema.
>
> —GÁLATAS 1:8

La mayoría de la gente se pregunta: "¿Y en qué me beneficio yo?", cuando va a la iglesia o escucha un sermón en la televisión.

Yo espero demostrar en las siguientes páginas por qué deberíamos preguntar: "¿Y en qué se beneficia Dios?".

Capítulo cinco

NO ME AVERGÜENZO DEL EVANGELIO

Porque no me avergüenzo del evangelio, porque es poder de Dios para salvación a todo aquel que cree; al judío primeramente, y también al griego.
—Romanos 1:16

Poco después de comenzar mi ministerio en la capilla de Westminster, noté que no había literatura sobre el Evangelio en la parte trasera de las bancas, sino solo Biblias e himnarios. Así que decidí escribir un texto, al que le puse por título "¿Qué es el cristianismo?" y se lo di a Peter, uno de nuestros diáconos, para que lo imprimiera. Unas semanas después, Peter me llamó.

—La imprenta dice que hay un error en lo que usted escribió, y es una imprenta cristiana.

¡Supe al instante cuál era el *error*! Pero dejé que el diácono continuara hablando.

—En la pieza usted dice que el cristianismo se enfoca principalmente en la *muerte.*

—Sí —afirmé.

—Dr. Kendall, la imprenta, que es cristiana, dice que el texto debería decir que el cristianismo se enfoca en la *vida.*

—Consigue otra imprenta, Peter; porque por esta razón es que estoy en Londres.

Hay una creencia generalizada entre muchos cristianos de que la fe cristiana es válida aunque no existiera una vida futura. Algunos dicen: "Si no existiera el cielo o el infierno, yo seguiría siendo cristiano".

Sé lo que quieren decir con esto. La fe cristiana transforma nuestra vida en la tierra y también nuestro destino final en los tiempos venideros. Es una medida de felicidad en la tierra tal como nunca antes la tuvimos. Pero no siempre es así, como veremos más adelante.

La pregunta es: ¿Por qué ser cristiano? ¿Cree usted que sus amigos y seres queridos deberían ser cristianos? Si su respuesta es sí, ¿por qué? ¿Necesita su vecino ser cristiano? ¿Necesita su jefe ser cristiano? ¿Necesita el budista ser salvado? ¿Y el musulmán? ¿Por qué los demás necesitan escuchar el evangelio de Jesucristo y aceptarlo?

Retomaré estas preguntas más adelante.

El significado de la palabra *evangelio*

En el idioma griego, la palabra *evangelio* no es inherentemente cristiana o incluso teológica. Es una palabra secular: *euaggelion*, que aparece setenta y seis veces en el Nuevo Testamento y significa simplemente "buenas nuevas".[1] En griego, un *euaggelios* es un mensajero que anunciaba alguna victoria o noticia alegre.

Pero lo que nos interesa en este momento, es lo que el apóstol Pablo quiso decir con: "No me avergüenzo del Evangelio".

Sinceramente, me pregunto si algunos cristianos se

avergüenzan de aquello a lo que Pablo llamó Evangelio en sus Epístolas a los Romanos y a los Gálatas. Me temo que algunos pueden sentirse avergonzados, pues hay un gran estigma en el Evangelio que Pablo defiende y que a muchos ofende. Y fue precisamente por eso que Pablo sufrió persecución (Gl 5:11; 6:13–14). Pero la noción de que la sangre de Cristo apacigua la justicia y la ira de Dios para que no vayamos al infierno, es más ofensiva.

Una vez que sabemos que iremos al cielo, somos llamados a *recibir nuestra herencia*. Pero debemos hacerlo en el orden correcto. Primero el Evangelio y luego heredar el reino. A través de muchas tribulaciones, entraremos en el reino de Dios (ver Hch 14:22). Claro está, no llegamos al cielo por haber pasado tribulación, sino solo por gracia; pero el recibimiento de nuestra herencia viene a través del sufrimiento, la abnegación y la santidad. Aun así, lo más importante es que vamos al cielo al morir. Después de todo, aunque recibamos sanidad, de igual forma moriremos. Lo que sucederá cuando muramos es totalmente más importante que ser sanados.

Cuando pregunto: "¿Qué pasó con el Evangelio?", ¿me refiero a lo que algunos carismáticos llaman el "evangelio de la salvación"? Sí y no me avergüenzo de ello.

El Evangelio trata principalmente sobre nuestra muerte. Pero hay gente que, tristemente, está más interesada en su vida que en su alma, que en dónde pasarán la eternidad. Este enfoque en el aquí y ahora, como dije antes, se llama *existencialismo*. Todo gira en torno a nuestra "existencia", a nuestra vida actual.

Si se pregunta, ¿por qué el Evangelio se refiere a las buenas nuevas del "reino"? Porque Jesús demostró su autoridad y dominio sobre el diablo en el mundo actual. Él tiene probada autoridad sobre los demonios y las enfermedades. Porque por sanar en sábado tuvo muchos problemas que terminaron llevándolo a la muerte. Su muerte cumplió con la Ley (Mt 5:17; Jn 19:30) y se convirtió en la base del Evangelio, tal como Pablo lo expuso.

Pero cuando Pablo usa *euaggelion* al comienzo de su epístola más larga y posiblemente la más importante, simplemente dice: "No me avergüenzo del Evangelio" (Ro 1:16). Alrededor del año 60 d. C., cuando Pablo escribió la Epístola a los Romanos, la palabra *evangelio* probablemente se había convertido en parte fundamental del vocabulario de muchos cristianos. Formaba parte del lenguaje de Sión. Pablo sabía que sus lectores comprenderían a qué se refería, al decir: "No me avergüenzo del Evangelio". Algunos manuscritos antiguos indican que escribió: "No me avergüenzo del Evangelio del Cristo", tal como lo expresa la Biblia Jubileo 2000 (JBS); pero los primeros manuscritos simplemente dicen: "No me avergüenzo del Evangelio". Solo "el Evangelio", las buenas nuevas.

No "sentir vergüenza", significa no tener temor ni vergüenza por el estigma, ni a ser estigmatizados por causa del evangelio. La palabra *estigma* es griega. Originalmente, se usaba para describir a los esclavos fugitivos; a quienes se les marcaba con una plancha caliente para que estuvieran visiblemente estigmatizados. Usted y yo jamás deberíamos avergonzarnos del estigma de defender el evangelio. Cuando comencé a repartir folletos y a hablarles a los transeúntes en las escaleras de la capilla de Westminster en Buckingham Gate, la calle que comunica con el Palacio de Buckingham, que está a dos cuadras de distancia, admito que me pareció un poco vergonzoso. Era mucho, pero mucho más fácil predicarle con una toga de ginebra (la cual se usaba en aquellos días) a una gran multitud, que acercarme a un desconocido y preguntarle si tenía la seguridad de ir al cielo cuando muriera. Pero cuando comprendí que Pablo habría hecho esto, pronto superé el miedo. Él testificaba "en la plaza cada día con los que concurrían" (ver Hch 17:17).

Salvación: ser "salvos"

Entonces, lo que Pablo dice al comienzo de esta extraordinaria epístola es simplemente: "No me avergüenzo del Evangelio". Su Epístola a los Romanos no se trata en realidad de milagros o de curaciones, y es por ello que de inmediato agrega que "es poder de Dios para *salvación*" (énfasis añadido). Esa es la palabra clave: *salvación*. Precisamente a eso fue que vino Jesús: "Él *salvará* a su pueblo de sus pecados" (Mt 1:21, énfasis añadido). Y esa es la razón por la que murió en la cruz. "Y ahora que hemos sido justificados por su sangre, ¡con cuánta más razón, por medio de Él, seremos *salvados* del castigo de Dios!" (Ro 5:9, NVI, énfasis añadido). "Hermanos, ciertamente el anhelo de mi corazón, y mi oración a Dios por Israel, es para *salvación*" (Ro 10:1, énfasis añadido).

Jamás debería avergonzarnos utilizar la palabra *salvos*. Para algunos, esta palabra parece estar un poco pasada de moda y prefieren usar la palabra *comprometidos* cuando hablan de ser cristianos. No es una mala palabra, especialmente cuando se hace la distinción entre aquellos que se autodenominan "cristianos" y que nunca leen sus Biblias ni van a la iglesia, y los que sí lo hacen. Pero la palabra bíblica es *salvos*.

La palabra *cristiano*

La palabra *cristiano* también ha adquirido diversos significados. Originalmente, se utilizaba de forma despectiva, aplicada por primera vez a los creyentes en Antioquía (Hch 11:26). Esta palabra se había vuelto tan conocida, que el rey Agripa le dijo a Pablo: "Por poco me persuades a ser cristiano" (Hch 26:28). Y ciertamente era así: él hizo su mayor esfuerzo, pues pensaba que Dios podía salvar a Agripa en ese mismo momento.

Pedro instó a los creyentes a no avergonzarse por sufrir al ser llamados cristianos (1 P 4:16); y nosotros tampoco debemos sentirnos avergonzados por ser llamados cristianos. Tanto judíos como gentiles deberían utilizar esta hermosa palabra sin sentir vergüenza. Yo recomiendo amorosamente a los judíos que aceptan a Cristo por la fe, a quienes les gusta llamarse seguidores de "Yeshua", a que no sientan vergüenza de ser llamados cristianos. Es cierto que la palabra se ha vuelto muy común. Muchos se hacen llamar "cristianos" en los pasaportes (frente a los musulmanes o budistas) y esto justifica en parte el término *cristiano comprometido* para distinguir a aquellos que toman el Evangelio en serio.

Yo utilizo el término *cristiano* en este libro para referirme a alguien que ha aceptado el Evangelio sin avergonzarse.

Yo no quiero que el Evangelio de Jesucristo sea estigmatizado. Tampoco quiero avergonzarme de las palabras que se usan principalmente en las Escrituras.

El evangelio es "poder de Dios para salvación"

La palabra poder en esta cita proviene del griego *dunamis*, del cual se deriva también la palabra *dinamita*. La palabra *dunamis* se utiliza con frecuencia para referirse al poder del Espíritu Santo, y es la palabra que aparece cuando en ocasión del ascenso de Jesús al cielo, se les dijo a los discípulos que recibirían poder (ver Lc 24:49; Hch 1:8). Se refiere al poder del Espíritu que sana; al poder del Espíritu que libera de los demonios; al poder del Espíritu que trae sanidad y hace milagros, señales y maravillas.

Pero la Epístola de los Romanos no trata acerca de eso. Fue escrita por un hombre que perseguía, arrestaba y mataba a los cristianos, y lo último que Saulo de Tarso se imaginaba, era que iba a ser doblegado por el poder de Dios. John Wesley dijo que "Dios no hace nada más que responder a las oraciones",[2] pero eso no siempre es verdad. Me pregunto si alguno de los discípulos estaba literalmente orando para que Saulo de Tarso fuera salvo. En cualquier caso, lo que detuvo a Saulo en su camino, fue el poder. La explicación del éxito de los discípulos en el Día de Pentecostés, es el poder. La razón de nuestra conversión, es el poder. No hay otra explicación. Es por eso que un cristiano es aquella persona a la que le sorprende ser cristiano.

Romanos es entonces el despliegue del evangelio por parte de Pablo para la *salvación* de la gente, haciéndola apta para el cielo. Esta es la razón por la que el Evangelio de Cristo es poder de Dios para la salvación. Si al morir vamos al cielo o al infierno, es algo que está intrínsecamente ligado a si aceptamos o no el Evangelio. Lo diré de nuevo; podemos recibir sanación y perdernos en el infierno. Podemos ver o experimentar señales y prodigios y estar eternamente perdidos.

El cielo o el infierno

¿Le sorprende que escriba sobre el cielo y el infierno? Aunque no me disculpo por escribir sobre esto, comprendo si el tema es algo nuevo para usted. ¡Qué lástima que nadie le haya hablado de ello! Si me preguntan: "¿Le gusta esta enseñanza?", mi respuesta será *no*. Si fuera por mí, salvaría a todos y destruiría el infierno. Pero yo no fui quien ideó el infierno, sino Dios.

Ludwig Feuerbach (1804–1872), dijo que Dios no es más que la proyección del hombre sobre el telón de fondo del universo.[3] Dios realmente no existe, dice Feuerbach; Él es algo creado por nuestra mente. Queremos creer que hay alguien allá arriba que nos cuida y nos llevará al cielo cuando muramos. Dado ese razonamiento, pregunto: ¿Quién habría inventado la idea del infierno? ¿Quién querría que esto existiera? A ningún ser humano se le habría ocurrido algo así. Nadie en su sano juicio en la tierra quisiera creer que el infierno existe.

Sin embargo, me pregunto qué habrán pensado los seguidores de Juan el Bautista cuando lo oyeron hablar por primera vez. El primer mensaje registrado en el Nuevo Testamento habla de la predicación de Juan el Bautista, preguntando a sus oyentes: "¿Quién os enseñó a huir de la ira venidera?" (Mt 3:7). Alguien debió habérselos advertido. ¿Será que ya habían oído hablar de esta ira? La pregunta implica que probablemente *nadie* se los había advertido. Pero Juan sabía lo que debía decirles.

Nuestra generación prácticamente desconoce la ira

venidera de Dios. La palabra infierno se usa como una palabra ofensiva, en el mejor de los casos. O se utiliza en expresiones como: "El día de hoy va a ser un infierno [por esto o por aquello]". Por lo tanto, cuando alguien habla del infierno como lo hago en este libro, puede causar sorpresa. Algunos sin duda lo encuentran repulsivo, y otros se ríen pues les parece gracioso. Muy pocos creen que existe. Por lo tanto, sé lo complicado que puede ser escribir sobre esto. Sin embargo, sé que lo convenceré *solo si el Espíritu Santo obra* mientras usted lee estas líneas y le hace ver que este tema no es un chiste. El Espíritu Santo obró en la predicación de Juan el Bautista, y el resultado fue que, en lugar de desilusionarse, cientos y cientos de personas caminaron o viajaron en camellos por veinte millas de distancia para escucharlo, desde Jerusalén hasta el desierto cerca del mar Muerto. Así que si el Espíritu Santo viene a usted mientras lee estas líneas, usted tampoco podrá eludirlo. Como resultado, sentirá la carga de sus pecados y de su incredulidad.

Tengamos en cuenta que estaremos completamente solos el día en que comparezcamos ante Dios. No habrá presión de grupo que nos influencie, si es eso lo que muchas veces ocurre. Será un asunto entre el Creador y su creatura. Él nos hizo, no somos un accidente, y su ojo divino ha estado sobre cada uno de nosotros desde antes de que naciéramos. No es cuestión de "suerte" o de casualidad que usted esté leyendo este libro, sino la mano de Dios obrando en su vida. De hecho, desde el momento en que muramos, estaremos solos delante Dios. La pregunta más importante (y amorosa) que alguien puede hacerle es: "¿Dónde estará usted dentro de cien años?". Esa fue la primera pregunta que le hice a Yasser Arafat (1929–2004), el fallecido presidente de los palestinos, cuando me reuní con él en Ramala hace unos años. "Rais,* ¿dónde estará usted dentro de cien años? Independientemente de si usted o los israelíes se apoderan de Jerusalén, *¿dónde estará usted?*". Resulta que no solo no me echó, sino que me invitó a regresar. Me reuní con él unas cinco veces más, y siempre oramos juntos. No me sorprendería verlo en el cielo.

¡Esta es la razón por la que el cristianismo se enfoca principalmente en la muerte! La manera en que respondamos al Evangelio de Cristo será lo *único* que importará dentro de cien años.

Pablo no estaba avergonzado de este evangelio, ni le avergonzaba la razón por la que la gente debía ser salva: la venida de la ira de Dios.

Principalmente, esa es la razón por la que Jesús murió en la cruz. Jesús vino a esta tierra y murió para que nosotros pudiéramos ir al cielo y no al infierno. Martín Lutero lo llamó "la Biblia en pocas palabras".[4] "Porque de tal manera amó Dios al mundo, que ha dado a su Hijo unigénito, para que todo aquel que en Él cree, no se pierda, mas tenga vida eterna" (Jn 3:16).

¿Quiénes irán al infierno?

Eso no es todo. Podemos ser famosos y estar perdidos para siempre en el infierno. Podemos ser ricos y perdernos en el infierno. Podemos ser aristocráticos o de la realeza y estar perdidos para siempre en el infierno. Podemos ser genios y estar perdidos en el infierno. Podemos tener la más alta educación y perdernos en el infierno para siempre. Podemos ganar un Premio Nobel de la Paz y perder nuestra alma para siempre. Podríamos creer que estamos viviendo

* Nombre en árabe que significa líder.

la mejor forma de vida cristiana y terminar en el infierno. Podemos inventar cosas que transformen la vida de muchos, y llegar a ser famosos en todo el mundo, pero aun así acabar en el infierno. Podríamos ser hermosos o guapos y convertirnos en estrellas de cine o de rock y pasar la eternidad en el infierno. Y la lista continúa. Podemos ser pobres e ir al infierno. Podemos estar inválidos e ir al infierno. Podríamos tener alguna discapacidad, ser ciegos o sordos, y perdernos para siempre. En otras palabras, puede que seamos felices o infelices a lo largo de nuestra vida, y aun así perder nuestra alma.

¿Qué marca la diferencia entre pasar la eternidad en el cielo o en el infierno? El Evangelio y nuestra respuesta a él.

El Libro de Romanos

Martín Lutero llamó a la Epístola a los Romanos, el "evangelio más puro".[5] Es la epístola más larga de Pablo, especialmente si se la compara con Gálatas, a quien se le llama a veces el "librito de Romanos". Lutero en realidad prefería predicar sobre Gálatas, y lo hizo en tres ocasiones. Prácticamente todo el contenido de Romanos está implícito en la Epístola a los Gálatas, aunque algunos temas son un poco más explícitos en Gálatas que en Romanos (por ejemplo, Gálatas 2:16, como veremos más adelante). En cualquier caso, Romanos es más larga porque primeramente no había liderazgo apostólico en Roma, y Pablo no solo sentía cierta libertad sino también la obligación de escribirles a los creyentes en Roma. El cristianismo en Roma no creció por evangelización, sino por el celo de los judíos que se habían convertido en Jerusalén en el Día de Pentecostés (Hch 2:10). Estos judíos iban a Jerusalén anualmente a celebrar la fiesta del Pentecostés, ¡y no esperaban regresar a casa con la nueva fe impartida en el sermón de Pedro! Aparentemente, comenzaron una iglesia en Roma sin liderazgo apostólico. Por eso Pablo se sintió libre de escribirles como lo hizo. En segundo lugar, como dice F. F. Bruce, Pablo planeaba ir a visitarlos y quería que conocieran exactamente sus creencias sobre el evangelio antes de que llegara. Por lo tanto, hizo la declaración más completa que pudo del evangelio.[6]

He predicado varias veces sobre Romanos 1:16 y por lo general titulo el sermón: "La confianza de Pablo en el evangelio". Comparo Romanos 15:20 con Romanos 1:16, para enfatizar por qué Pablo no se "avergonzaba del Evangelio":

> Y de esta manera me esforcé a predicar el evangelio, no donde Cristo ya hubiese sido nombrado, para no edificar sobre fundamento ajeno.
>
> —Romanos 15:20

> Porque no me avergüenzo del evangelio, porque es poder de Dios para salvación a todo aquel que cree; al judío primeramente, y también al griego.
>
> —Romanos 1:16

Me temo que muchos de los que ingresan al ministerio esperan tener una vida tranquila: un lindo lugar donde vivir, como una cómoda casa con una linda cerca blanca (o algo así). La idea de ir a lugares donde no se conoce a Jesucristo es demasiado ajena y desafiante para algunos. Prefieren predicarles a los suyos, por decirlo de alguna manera, desde el primer día. Pero eso no fue lo que hizo Pablo. Él tenía tanta confianza en el *poder* del evangelio, que no se dejaba intimidar por quienes nunca habían oído hablar de Jesús. Actualmente, él diría: "Déjenme al musulmán, al budista, al ateo, a aquel que pertenezca a una secta". ¿Por qué? Porque el Evangelio es "poder de Dios para salvación". En esta frase está implícita la fidelidad del Espíritu Santo para fijar la Palabra en los corazones. Pablo sabía que nadie *podía* ir a los pies de Cristo si no era atraído por el Padre, a través de la obra del Espíritu Santo en él (Jn 6:44–65). Pablo sabía que cualquier conversión era resultado de la obra soberana del Espíritu Santo. Por lo tanto, ¡predicaba mensajes que involucraran al Espíritu Santo!

Pilot lights

Durante nuestros veinticinco años en la capilla de Westminster, invité a Arthur Blessitt, un hombre que ha llevado el mensaje de la cruz alrededor del mundo, a predicar para nosotros. Este hombre transformó todo lo que hacíamos. Uno de los frutos de su ministerio fue la creación de nuestro ministerio en las calles, llamado Pilot Lights [Testigos luminosos] (por favor, consulte el capítulo sobre Arthur Blessitt en mi libro *In Pursuit of His Glory*[7]). Dirigí a treinta personas o más cada semana a testificar en las calles entre Victoria, el Big Ben y el Palacio de Buckingham. A partir de junio del año 1982, me ubicaba personalmente en los escalones de la iglesia cada sábado, durante aproximadamente dos horas, hablando con los transeúntes. Los primeros días fueron extremadamente difíciles. Comencé a preguntarme si lo que hacía era bíblico. Lo que me liberó, fue leer Hechos 17:17, que dice que el gran apóstol Pablo atestiguaba de Jesucristo "en la plaza cada día con los que concurrían". Nunca volví a dudar después de leer eso. Si Pablo pudo hacerlo, yo también podía. Él no se avergonzaba de hacerlo, entonces ¿por qué debería yo avergonzarme, a pesar de recibir numerosas críticas (en general de los hermanos de la capilla y no de las transeúntes)? Durante los primeros tres o cuatro años, vimos a un aparentemente pequeño número de personas llegar a Cristo, aunque nunca supimos con certeza cuántos se habían convertido verdaderamente y lo habían recibido.

Pero hubo un sábado en la mañana, el primer sábado de enero de 1986, en el que hacía *mucho* frío y solo seis personas del grupo se presentaron, así que decidí en ese momento terminar con aquel ministerio. Ensayé lo que diría en la iglesia, más o menos así: "Estamos felices por nuestro ministerio Pilot Lights. No ha sido en nada negativo y estamos agradecidos por lo bueno que hemos logrado, pero aun las cosas buenas llegan a su fin, y es momento de enfocarnos en algo más". Planeé dar ese pequeño discurso al día siguiente, pero no habían pasado ni diez segundos cuando escuché un llamado con urgencia: "¡Aquí hay un hombre que necesita ayuda!".

Fui a verlo y le pregunté:

—¿Le gustaría hablar conmigo?

—Quiero hablar con alguien sobre este folleto que me dieron el sábado pasado —respondió.

—Yo lo escribí —le dije.

—¿Usted es el Dr. Kendall? ¿El que escribió este folleto: 'Qué es el cristianismo'?".

—Sí.

—Mi nombre es Charlie Stride. Soy taxista —dijo mientras señalaba su taxi—. Uno de sus muchachos me dio esto el sábado. Normalmente suelo desechar este tipo de material, pero por alguna razón leí este mientras esperaba en la línea de taxis el sábado pasado. ¿Podría hacerle algunas preguntas?

—Por supuesto. ¿Podemos sentarnos en tu taxi? —le dije, pensando en el frío que estaba haciendo.

—Este folleto me impactó —dijo él—. Pero necesito saber si comprendí bien lo que dice. ¿Iré al infierno si no me hago cristiano?

—Me temo que sí, Charlie.

—Muchos de mis compañeros taxistas son judíos. ¿Ellos también irán al infierno?

—No lo sé, pero si no han recibido a Cristo, así será.

Pensé que terminaría la conversación y me pediría que saliera del taxi, pero no lo hizo, sino que comenzó a llorar.

—Charlie, ¿te gustaría que leamos el folleto detenidamente?

—Por favor, hágalo —respondió.

Le presenté el Evangelio y luego le pregunté si le gustaría repetir la oración que estaba al final del folleto.

—Sí, por favor —respondió.

Charlie Stride oró conmigo y se convirtió al instante. Al día siguiente fue a la Capilla de Westminster y no dije aquellas palabras que había planificado para darle punto final al ministerio. Salí a la calle cada sábado con los demás voluntarios hasta el día en que me retiré. La conversión de Charlie Stride llegó en el momento preciso. Dios sabía que yo necesitaba un poco de aliento. Verdaderamente, Dios nunca llega tarde, ni tampoco llega antes de tiempo, siempre llega a tiempo. ¡El ministerio Pilot Lights continúa funcionando hasta hoy!

Un día, Benjamín Chan, uno de nuestros diáconos, preguntó si podía dirigir una reunión de oración los sábados en la mañana mientras se llevaban a cabo las actividades de Pilot Lights en las calles. La reunión de oración solo incluiría a seis o siete intercesores fieles. Pero sucedió algo extraordinario casi inmediatamente después de que comenzaran las reuniones de oración los sábados en la mañana. Hasta el momento, solo habíamos tenido una o dos personas para orar y para recibir a Cristo ocasionalmente, pero el número aumentó a seis, ocho, diez o doce personas *por semana.* ¿Se convirtieron todos? Solo Dios lo sabe. Según los informes, uno de ellos ingresó al ministerio anglicano. He tenido personas de todo el Reino Unido que se han acercado para agradecerme por la bendición del ministerio Pilot Lights. Un vicario anglicano vino a escucharme predicar en el centro de Inglaterra para decirme que nuestro ministerio llevó a su propia hija al Señor. Un hombre que formaba parte del personal de un evento llamado Spring Harvest se acercó para decirme que él había encontrado al Señor en los escalones de la capilla de Westminster. Luego de jubilarme, recibí una carta de Alemania. Una señora me escribió contándome que había orado por su padre durante años para que fuera salvo, y un día recibió un folleto frente a la capilla de Westminster traducido al alemán. Como el folleto estaba en alemán, su padre accedió a leerlo. Repitió la oración al final del folleto y murió al día siguiente.

Pocas semanas después de orar para recibir a Cristo en el asiento trasero de su taxi, Charlie Stride pidió ser bautizado. Luego de varios meses, preguntó si podía unirse a la iglesia. ¡Charlie se convirtió en el miembro más activo! Participó en las actividades de nuestros jóvenes y aprendió cómo llevar personas al Señor. Se convirtió en un ganador de almas.

Durante un tiempo deseé preguntarle sobre el folleto, específicamente qué fue lo que le interesó de él. "Fue la parte sobre la muerte —respondió—. Eso *me dejó atónito*".

Cuando le conté que me habían pedido que cambiara la palabra "muerte" por "vida" en ese folleto, me aseguró que no habría causado ningún efecto en él escuchar que el cristianismo se centra principalmente en la "vida" del ser humano.

Fue uno de los mejores reconocimientos que he tenido.

En nuestro servicio de despedida, al que me referí al principio de este libro, varias personas prominentes hablaron y tuvieron palabras muy agradables sobre mí. Entre ellos estaban: J. John, Richard Bewes, Sandy Millar y Sir Fred Catherwood. Para mi sorpresa, Lyndon Bowring le pidió a Charlie Stride que hablara. ¡Y Charlie se robó el show! Contó la historia tal y como la describí anteriormente. Fue como cerrar con broche de oro una noche memorable.

Luego de nuestro retiro, Charlie, que era viudo, se casó con una encantadora dama de Filipinas que se había convertido en miembro de la iglesia. Al poco tiempo, él también se jubiló y se mudaron a Filipinas. Luego supe que había enfermado y lo llamé por teléfono. Su voz era débil, así que oré con él durante la llamada telefónica por última vez. Al día siguiente, murió.

Durante la estadía de Arthur Blessitt con nosotros en mayo de 1982, cada vez que salía a caminar con él, literalmente él le hablaba de Jesucristo a *todo* el que se le atravesaba. En muchos aspectos se convirtió en mi mentor. Su testimonio ante tres jóvenes frente a la iglesia un viernes en la noche fue lo que me llevó a formar el ministerio Pilot Lights. Recibí una visión en la que vi una llama piloto, como de una cocina u horno, que permanecía encendida día y noche. Tuve que morir al yo, pues parecía que mis ambiciones, planes y deseos de ser un gran teólogo se convertían en cenizas.

Es mucho más difícil hablar con una sola persona que predicarles a miles. Cuando Arthur nos dejó para cumplir su próximo compromiso después de pasar varias semanas con nosotros, comencé el ministerio Pilot Lights. No niego que me puse nervioso. ¿Avergonzado? No; pero era consciente de que muchos miembros respetados de la iglesia estaban en contra del ministerio. Aun así, cada semana se hacía más y más fácil el trabajo. La unción de Arthur en cierto modo me fue transmitida. Puedo decirles que he guiado a cientos y cientos de personas a orar para recibir a Jesucristo, en Buckingham Gate, en barberías, en aviones, en restaurantes y en muchos hogares.

Nunca en mi vida había hecho algo como esto de testificarles a extraños. Pero leer Hechos 17:17 sobre la forma en que Pablo predicaba en las plazas, me dio la seguridad de hablarles a otros de Jesús en las calles. Yo uso el método del evangelismo explosivo, diseñado por el desaparecido D. James Kennedy. Nos acercamos y les hacemos estas dos preguntas:

1. ¿Está usted seguro de que si muere hoy, irá al cielo?
2. Si estuviera frente a Dios, algo que algún día sucederá, y Él le pregunta: "¿Por qué debería dejarte entrar al cielo?", ¿qué respondería?

Mi amigo lector, ¿cuáles serían sus respuestas a estas dos preguntas?

Traté de dar lo mejor de mí al hablarles del Evangelio a todos con los que me cruzaba en las calles. Sabía que posiblemente nunca volvería a verlos, así que les hablé como si su destino estuviera en mis manos. Intenté enfocarme en

Jesucristo, el Dios-hombre y en su muerte en la cruz como la única manera de ser salvos.

El Espíritu Santo solo unge lo que es *verdadero*. Si deseo la unción del Espíritu en mi predicación o en mis escritos, debo estar seguro de al menos algo: de que lo que estoy diciendo es verdad. Entre las palabras más profundas que alguna vez escuché, están las de Joni Eareckson Tada, una dama tetrapléjica que ha honrado a Dios en todo el mundo con su testimonio sobre Jesucristo: "No soy cristiana por lo que Jesús hizo por mí, soy cristiana porque esta es la verdad".[8] Esta afirmación siempre me recuerda lo que Charles H. Spurgeon (1834–1892) solía decir sobre los que se acercaban a aprender de él. Decía que no podemos enseñar a otros "cómo" predicar, pero podemos enseñarles "qué" predicar. El contenido, lo que decimos al hablar de Jesucristo, es muy importante.

A mi esposa Louise no le gustaba mucho la idea de hablar con desconocidos en las calles de Londres. "No tienes que ser Arthur Blessitt", me decía y tenía razón. Tal vez no todos tenemos la capacidad de hacerlo. Sin embargo, Louise decidió un sábado en la mañana unirse a Pilot Lights y me sorprendió. Luego, me contó que le había pedido a Dios una señal de que debería unirse. Minutos después, comenzó a repartir panfletos en la estación de St. James Park, y un joven vestido con una camiseta del Che Guevara se le acercó. Ella le dijo nerviosamente: "¿Te interesaría leer este folleto?".

Cuando él leyó el título: "¿Qué es el cristianismo?", sus ojos se llenaron de lágrimas. "Soy marxista —respondió—. Soy ateo. Pero hace cinco minutos estaba en una iglesia, y dije: 'Dios, si realmente existes, déjame encontrarme con alguien que cree en ti'". El joven tomó el folleto y Louise nunca más lo volvió a ver. Hemos orado por él muchas, muchas veces, con la esperanza de que lo veamos en el cielo.

No me avergüenzo del Evangelio, ¿puede usted también decirlo?

¿Estará usted en el cielo algún día? Un antiguo canto espiritual de los campos de algodón de Alabama, dice: "No todos los que hablan del cielo irán a él".

Pero, ¿estará usted allá?

El Espíritu Santo solo unge lo verdadero, aunque no podamos decir todo lo que quisiéramos cuando hablamos de Jesucristo. Por eso fue que Pablo dijo: "No me avergüenzo del Evangelio". El Espíritu Santo puede aplicar *cualquier parte* del Evangelio de forma efectiva para conducir a la conversión. El Evangelio es "poder de Dios para salvación" *porque* la mención de la sangre de Jesús, es lo que involucra al Espíritu Santo. Entonces, Él transforma la condenación en conversión.

Hay una sola razón por la que no debemos avergonzarnos del Evangelio: *porque es verdadero.*

CAPÍTULO SEIS

EL CORAZÓN DEL EVANGELIO

Por cuanto todos pecaron, y están destituidos de la gloria de Dios, siendo justificados gratuitamente por su gracia, mediante la redención que es en Cristo Jesús, a quien Dios puso como propiciación por medio de la fe en su sangre, para manifestar su justicia [...]. ¿Dónde, pues, está la jactancia? Queda excluida. [...] Al que no obra, sino cree en aquel que justifica al impío, su fe le es contada por justicia.

—ROMANOS 3:23–25, 27; 4:5

EL PRESIDENTE RONALD Reagan tenía una placa en su escritorio de la Oficina Oval que decía: "No hay límite en la cantidad de bien que puedes hacer, si no te importa quién se lleva el mérito".[1] Dicho esto, pregunto: ¿Cuán difícil es llegar al cielo? Si alguien llega al cielo, habrá recorrido un largo camino; de hecho, ¡el recorrido más largo que puede hacer! Cuando pensamos en la eternidad, en una existencia que dura para siempre, llegar al cielo se convierte en el logro más importante que podamos imaginar.

Pero sucede lo siguiente: solo pueden llegar al cielo aquellos a quienes no les importa quién se lleva el mérito por ello. Si usted quiere el mérito, olvídese de ir al cielo. Pero si no le importa quién lo reciba, entonces califica para continuar esta discusión.

Forma parte de nuestra naturaleza querer el mérito por lo que hacemos. Dios mismo lo asegura a través de las Sagradas Escrituras, y a veces apela a nuestro interés propio para motivarnos a hacer lo mejor por nosotros mismos. Naturalmente, nos gustan las recompensas por haber hecho algo inusual o difícil. De forma innata queremos el reconocimiento. Y fue por esto que Jesús preguntó: "Y si hacéis bien a los que os hacen bien, ¿qué *mérito* tenéis? Porque también los pecadores hacen lo mismo" (Lc 6:33, énfasis añadido). Pero en esa ocasión particular, Jesús no estaba hablando de cómo llegar al cielo, sino de cómo obtener nuestra herencia en nuestro camino al cielo y garantizar una recompensa en el tribunal de Cristo. Nuestra herencia, lo que obtenemos por medio de una fe persistente después de que somos salvos, forma parte de la salvación (Heb 6:9).

Los dos tipos de fe bíblica

Hay dos tipos de fe:

1. La fe que justifica y salva
2. La fe persistente

La fe que justifica es la que nos salva y nos asegura que iremos al cielo al morir. La fe persistente es la que *sigue* a la salvación, o la justificación por la fe. La fe que justifica nos lleva al cielo, no hay méritos en ella. Pero el tipo de fe que nos lleva a nuestra herencia y nos da la recompensa en el tribunal de Cristo, es la fe persistente. Por lo tanto, la fe persistente pertenece a quienes ya *tienen la seguridad* de ir al cielo.

En esta parte del libro hablaremos sobre el primer tipo de fe, la fe que salva o justifica.

A Oliver Cromwell (1599-1658) le gustaba usar la frase "el meollo del asunto" para subrayar lo que veía como fundamental en cualquier discusión. Entonces, cuando se trata del Evangelio, necesitamos comprender el meollo del asunto con claridad.

Cuando hablo de ir al cielo, utilizo el lenguaje que demuestra a lo que lleva la justificación por la fe: a pasar la eternidad con Dios. Ir al cielo es *la esencia* que nos señala por qué es urgente que comprendamos el lenguaje de Pablo. Pablo no habla de ir al cielo, sino más bien de obtener la "vida eterna" (Ro 6:23). Habla de ser justificados por la sangre de Cristo para escapar de la ira venidera de Dios (Ro 1:18; 5:9). Es decir, de ir al cielo y no al infierno.

El problema es: ¿Quién obtiene los méritos?

Surgen dos preguntas relevantes. La primera, cuando escuchamos hablar del evangelio por primera vez: "¿No es demasiado bueno para ser verdad?". ¡Y es probable que nos hagamos la misma pregunta por el resto de la vida!

La segunda pregunta la hace Pablo para llevarnos al meollo del asunto: "¿Dónde está la jactancia?". Él hace esta pregunta para ayudarnos a comprender más claramente el tema. Con relación a la primera pregunta, si decimos: "¿No es demasiado bueno para ser verdad?", entonces estamos comenzando a comprender el evangelio. Pero para asegurarnos de haberlo entendido de verdad, Pablo pregunta:

"¿Dónde está la jactancia?" o "¿dónde está, pues, la jactancia?" (Ro 3:27, LBLA). Como decimos hoy en día, "era un secreto a voces" que todos sabían, pero del que nadie hablaba. Pablo era judío y conocía cómo funcionaba la mente judía. Sabía que en seguida se cruzaría por la mente de los judíos *de quién es el mérito*. El tema de la jactancia está implícito en el tema y exactamente por eso lo plantea, para ayudar a sacarle punta al lápiz, por así decirlo y llegar al meollo del asunto.

La respuesta a la pregunta de Pablo es que *la jactancia queda excluida* (v. 27). Jactarse está fuera de contexto. Cualquier alardeo con respecto a ser justificados a la vista de Dios, no tiene cabida. Toda la gloria es de Dios si en algún momento es declarado justo delante de Él. Hacia el final de Romanos 3 y principios de Romanos 4, Pablo busca demostrar claramente cómo es posible que seamos declarados justos a los ojos de Dios.

Y en pocas palabras, es solo por la fe en la sangre de Cristo Jesús.

Por extraño que parezca, lo que hace que el evangelio de Cristo sea tan difícil de asimilar, pero también tan ofensivo, es que el cielo es totalmente gratuito: un regalo. No hay nada que podamos hacer para ganarlo. El cielo no es una recompensa por ser buenos, ni por ninguna obra que podamos hacer. Es completamente gratis. Pero esto es algo difícil de entender porque por naturaleza suponemos que debemos ganar el boleto al cielo.

En mi testificar de Cristo he conversado con muchos ateos, y cuando ellos dicen: "No creo que existe el cielo", les respondo: "Pero si existiera, ¿qué le respondería a Dios si le preguntara por qué debería dejarlo entrar?".

En todos los casos, las respuestas son: "Porque he

intentado ser bueno", "No soy mala persona", "Soy bueno con los demás", "No he hecho nada malo" o "He hecho muchas cosas buenas". Hablan de lo bueno de sus vidas. ¿Por qué respondieron así? ¿Dónde aprendieron estas respuestas? ¿Habrán ido a la escuela dominical? ¿A alguna iglesia? No. Estamos hablando de personas que saben poco o *nada* de Dios. Sin embargo, suponen que si hay un Dios y si hay un cielo, tendrán que hacer una sola cosa: ganarlo. Y nadie se los enseñó. Como humanos, tenemos esto en nuestra naturaleza, es parte de nuestra forma natural de pensar. La Biblia lo llama *justicia propia*, esto es suponer que si existe el cielo, debemos hacer buenas obras para ganarlo.

Pero no es así. El cielo es el "regalo" de Dios (ver Ro 3:24; 6:23).

Los judíos pensaban que la justificación ante Dios solo podía ser mediante la propia justicia personal. Ganar el boleto al cielo, obtener el mérito por alcanzar un nivel de vida. Buscaban establecer su *propia* justicia (ver Ro 10:3). Debido a ello, la justicia de Dios como *regalo* era algo completamente ajeno a sus pensamientos.

Puede sorprendernos que el cielo sea un obsequio. Pero es la única manera en que podríamos llegar allá: solo si Dios *nos lo da*. Y existe un porqué: alcanzar el cielo requiere perfección. Nada inmundo puede entrar en él. Sí, llegar al cielo ciertamente requiere que seamos perfectos sesenta segundos por minuto, sesenta minutos por hora, veinticuatro horas al día, ¡todos los días de nuestra vida! Ninguna persona que tenga la menor de las manchas de pecado puede entrar al cielo. Y ni usted ni yo somos perfectos, todos hemos pecado y estamos apartados de la gloria de Dios. Para que sea aún más claro, Pablo dice que Dios justifica a "los impíos", a los "enemigos" de Dios (Ro 5:6, 10). Él no justifica a los justos, pues no lo necesitan. Él solo justifica a los malvados.

Dicho sea de paso, ¿no somos acaso exactamente eso? ¿Es usted un santo o un impío? Permítame decirle que si usted se ve a sí mismo como justo, no es un candidato para el cielo. Lo siento, pero quienes califican para el cielo son aquellos que *admiten* lo que la Biblia dice: que son *pecadores*. Jesús fue criticado por los judíos por juntarse con "pecadores" (Lc 15:1–2). Y por eso respondió: "Los que están sanos no tienen necesidad de médico, sino los enfermos. No he venido a llamar a justos, sino a pecadores al arrepentimiento" (Lc 5:31–32).

Puede que surja la siguiente inquietud en su mente: "Si se requiere una rectitud perfecta para entrar al cielo y todos somos pecadores, ¿quién podrá entrar entonces en el cielo?".

Mi respuesta es: "Dios nos lo otorga".

¿Y cómo lo hace? Dios provee un sustituto para nosotros. Necesitamos un sustituto si queremos ir al cielo; alguien que tome nuestro lugar, que sea total y perfectamente justo en nuestro nombre. Alguien que sea justo sesenta segundos por minuto, sesenta minutos por hora, veinticuatro horas al día y todos los días de su vida.

Y eso fue exactamente lo que hizo Jesús. Él nunca pecó. Es nuestro sustituto por su vida perfecta y sin pecado. Pero cuando murió en la cruz, el que no conoció pecado se hizo pecado (ver 2 Co 5:21). El Viernes Santo, *todos* nuestros pecados fueron transferidos a Jesús. El Señor cargó sobre Él "nuestra iniquidad" (Is 53:6, NVI), tomó la culpa de nuestros pecados. Literalmente, fue nuestro sustituto, vivió una vida sin pecado y sufrió una muerte sacrificial. "Dios estaba en Cristo reconciliando consigo al mundo, no tomándoles en cuenta a los hombres sus pecados" (2 Co 5:19). Esta es la razón por la cual somos salvos, no solo por la muerte de Cristo sino también "por su vida" (Ro 5:10).

¿Suena demasiado bueno para ser verdad? ¿Se le hace ahora más fácil comprender por qué cualquier jactancia de nuestra parte queda excluida? Convertirse en millonario es un logro del que podemos estar orgullosos. Incluso podemos decir: "He trabajado fuertemente para lograrlo". Y es así. Si llegamos a ser políticos, nos postulamos para un cargo y ganamos, podemos decir: "Trabajé duro para lograrlo". Si inventamos un nuevo producto tecnológico, de informática o de aeronáutica, fácilmente podemos decir: "Trabajé arduamente para logarlo". Si ganamos el Premio Nobel de la Paz, un logro ciertamente importante, podemos agradecer a quienes nos ayudaron a llegar allí, y también decir: "Pagué un alto precio por recibirlo, en paciencia, diplomacia y trabajo arduo". En tales casos, tenemos derecho a sentirnos un poco orgullosos. Merecemos las felicitaciones y se disculpa cualquier jactancia.

Pero si logramos llegar al cielo, no tendremos crédito por ello, ni el más mínimo. Dios obtiene todo el mérito. Es un destino que se nos otorga que no tiene igual. Sin embargo, debido a esto, hay quienes no quieren saber nada del verdadero evangelio. No pueden soportan la idea de que alguien más haga todo por ellos, sin tener que esforzarse ni ayudar. En consecuencia, muchos rechazan el evangelio. Prevalece su ego y justicia propia, a pesar de que al hacerlo pierden sus almas.

"La salvación es *solo por gracia*", como dijo Charles Spurgeon.[2] Totalmente por gracia. Por eso es que Pablo dice: "¿Dónde, pues, está la jactancia? Queda excluida" (Ro 3:27), para asegurarse de que realmente comprendemos su tesis.

¿Qué gana Dios?

Espero que haya notado la palabra *propiciación* arriba (Ro 3:25), que es esencial para la expiación de Cristo. De hecho, hay dos palabras que no debemos olvidar: *expiación* y *propiciación*. La *expiación* es "lo que la sangre de Cristo hace por nosotros": nos otorga el perdón de los pecados. La *propiciación* es "lo que la sangre de Jesús hace ante Dios": aleja su ira. Es lo que satisface la justicia de Dios. Esto era necesario antes de que pudiéramos tener el perdón de los pecados. Pero la justicia de Dios fue satisfecha aquel Viernes Santo, cuando Jesús clamó: "Dios mío, Dios mío, ¿por qué me has desamparado?" (Mt 27:46). Ese fue el momento en el que Jesús, quien hasta el momento "no había conocido pecado", fue "hecho pecado" (ver 2 Co 5:21). En algún momento entre el mediodía y las tres de la tarde de aquel Viernes Santo, nuestros pecados fueron transferidos de nosotros a Jesús. Fue precisamente el momento en el que Dios castigó a Jesús por nuestros pecados. No olvidemos que Jesús no murió por sus propios pecados, pues Él nunca pecó (ver Heb 4:15). Él murió por *nuestros* pecados, los pecados que *nosotros* cometimos. *Nuestros pecados lo llevaron a la cruz.*

Hay dos palabras muy importantes que deseo que recuerde: *sustitución* y *satisfacción*. Charles Spurgeon dice que no hay evangelio fuera de esto.[3] Como vimos, Jesús fue nuestro sustituto: él tomó nuestro lugar. Fue nuestro sustituto por su vida sin pecado; fue nuestro sustituto por su muerte, al tomar el castigo que merecíamos. La sangre que derramó clamó por justicia. La ira de Dios fue apaciguada por la sangre de Jesucristo. Su sangre alejó la ira de Dios.

Algunas veces me han dicho: "¿Por qué no predicas del

amor de Dios en vez de la ira de Dios?". Les espondo: "¡Ese tema habla del amor de Dios! ¡Ese es el trasfondo del Evangelio! El amor de Jesucristo por su pueblo fue lo que lo llevó a la cruz".

Su motivación para ir a la cruz provino de su propio corazón: Él eligió hacerlo. Sin embargo, la motivación surgió de Dios el Padre desde antes de la fundación del mundo. La cruz fue la *razón* por la que envió a su Hijo Jesús a este mundo después de todo. El hecho que Dios haya *enviado* a su Hijo al mundo es una enseñanza supremamente importante (Jn 3:17). El Hijo estuvo con el Padre desde el principio, cuando Él era el Verbo (del griego *logos*, ver Jn 1:1); lo cual nos lleva al texto que es la Biblia en pocas palabras: "De tal manera amó Dios al mundo, que ha dado a su Hijo unigénito" para que muriera en la cruz (Jn 3:16). El Padre *envió* al Hijo y aquel viernes lo *entregó* para que muriera en la cruz. Dios el Padre estaba detrás de todo.

En resumen, sucedieron dos acontecimientos simultáneos aquel Viernes Santo, el día en que Dios castigó a Jesús por nuestros pecados:

1. Nuestros pecados fueron transferidos a Jesús (2 Co 5:21).
2. Su justicia fue transferida a nosotros (2 Co 5:19).

Creo que una buena manera de saber si realmente hemos entendido el Evangelio es si nos parece demasiado bueno para ser verdad. Hasta que no nos parezca demasiado bueno para ser verdad, probablemente no lo hemos comprendido.

Digamos que le debemos al banco cien mil dólares, así que nos reunimos con el gerente del banco para decirle que lamentablemente, no tenemos el dinero. Él mira nuestra cuenta y se da cuenta de que alguien fue antes al banco y pagó el monto por nosotros. Así que nos dice que la deuda ha sido pagada y que ya no tenemos deuda con ellos. ¿Pensaríamos que es demasiado bueno para ser verdad? ¿Y si fuera verdad? ¿Nos sentiríamos abrumados?

Algunos dirían que el Evangelio no puede ser "Buenas Nuevas" a menos que primero oigamos las "malas noticias". A veces eso ocurre. G. Campbell Morgan (1863–1945) solía decir que, en su experiencia, la gente respondía al Evangelio más a menudo, cuando se los asustaba con el castigo eterno. Por ejemplo, si a usted le dijeron y lo convencieron de que realmente irá al infierno, pero también escucha que la muerte de Jesús cambió esto a su favor, el Evangelio realmente se convierte en "Buenas Nuevas". Sin embargo, estoy seguro de que muchos acuden a Cristo sin haber oído hablar del infierno. Por esta razón, algunos ministros nunca predican sobre el castigo eterno, lo cual es triste.

Pero el Evangelio es "Buenas Nuevas" porque se nos promete el cielo "por fe y más nada", como diría Francis Schaeffer (1912–1984).[4] La justicia se le acredita a aquel que "no trabaja" pero que cree en Dios, quien "justifica al impío" (Ro 4:5).

En este libro hasta ahora ha estado implícito el mensaje de que el evangelio son las buenas nuevas de que iremos al cielo y no al infierno si confiamos en la sangre de Cristo y no en nuestras buenas obras. En pocas palabras, somos salvos únicamente si creemos en Cristo. Creer en su vida y en su muerte y nada más.

Sin embargo, hay un pasaje en la Epístola a los Romanos que se enfoca en la resurrección de Cristo como nuestra seguridad de la salvación. Una de las diferencias entre la

Iglesia oriental (la ortodoxa griega o la ortodoxa rusa), y la Iglesia occidental (el protestantismo y el catolicismo romano), es que la primera hace énfasis en la resurrección y la otra en la muerte de Cristo. En Romanos aparece primero la resurrección de Cristo: Jesús "fue declarado Hijo de Dios [...] por su resurrección de entre los muertos" (Ro 1:4). Esto nos habla de que la deidad de Cristo está intrínsecamente ligada a su resurrección. Pablo dijo: "Si confesares con tu boca que Jesús es el Señor, y creyeres en tu corazón que Dios le levantó de los muertos, serás salvo" (Ro 10:9). Romanos 1:4, Pablo afirma que Jesús es el Hijo de Dios, y en Romanos 10:9 se ratifica su deidad al declarar: "Jesús es el Señor". Esto quiere decir que Él es Dios el Hijo, ya que al asegurar que Jesús es el Señor, está diciendo que Jesús es Dios. Nadie puede concluir esto por sí solo, sino solo a través del Espíritu Santo (ver 1 Co 12:3).

Podemos basar nuestra seguridad de salvación en la muerte o en la resurrección de Jesús, si lo hacemos de "corazón". Debemos creer con el corazón que Jesús es Dios o debemos creer con el corazón que Dios resucitó a Jesús de entre los muertos. De esta manera, la fe deja de ser un simple "asentimiento" que nos da seguridad. "Porque con el corazón se cree para justicia, pero con la boca se confiesa para salvación" (Ro 10:10).

Fíjese que dice que también podemos *confesar* estas verdades, refiriéndose a lo que hacemos a la vista de todos. Cuando las confesamos, los demás ven y oyen. Estoy seguro de que con esto Pablo se está refiriendo al bautismo cristiano. Cabe destacar que no es el bautismo lo que salva, sino lo que hay en nuestro corazón lo que marca la diferencia. Como dijo San Agustín (fallecido en el 430 d. C.): "El bautismo es una señal exterior de una obra interior".[5]

Nos bautizamos para demostrar que no nos avergonzamos del Evangelio. Incluso, los "creyentes en secreto" finalmente confiesan a Jesucristo, como sucedió con Nicodemo (Jn 3:1–8; 19:39) y José de Arimatea (Jn 19:38). Muchos musulmanes hoy en día son creyentes en secreto, pero finalmente saldrán de su escondite y develarán su fe.

Hay al menos dos pruebas válidas de que hemos aceptado el Evangelio y que podríamos llamar definiciones de la fe salvadora. La primera es mi preferida: la *fe salvadora* "es *depender* solo de la sangre de Cristo". La segunda, es "creer que Jesús es Dios, quien resucitó de entre los muertos".

Ambas definiciones hacen que una persona sea apta para el cielo y garantizan que la rectitud nos ha sido acreditada. También nos ayudan a despejar las tres sorpresas mencionadas anteriormente por Lutero:

1. Encontraremos allá a quienes no esperábamos ver, porque aceptaron las buenas nuevas cuando las escucharon.
2. No veremos a quienes esperábamos encontrar en el cielo, porque no creyeron en las verdades que este capítulo defiende y confiaron completamente en su justicia personal.
3. La mayor sorpresa de todas es que nosotros mismos estaremos allá.

Hace unos años, cuando estaba en la capilla de Westminster, el pastor Colin Dye de Kensington Temple y yo, pasamos cuatro horas en un restaurante indio en Londres discutiendo teología con un conocido teólogo de Estados Unidos. La conversación giró alrededor de las enseñanzas de Pablo sobre la justificación por la fe. Yo defendía la justificación "solo por la fe" y el teólogo estadounidense defendía la justificación por la fe "evidenciada por las obras". Eran casi las once de la noche y no habíamos llegado a nada. Entonces, le pregunté: "Piense que está delante de Dios en el juicio, ¿sobre qué colocaría su destino final: en la justicia de Cristo o en su justicia propia?".

Para mi asombro, este hombre dijo: "En mi justicia". Aquel momento fue decisivo para Colin, ya que cristalizó realmente lo que pensaba y no dio su brazo a torcer. Para mí fue una confirmación extraordinaria de todo lo que había predicado en más de sesenta años. Siempre he estado seguro de que cuando alguien dice que debe tener fe y obras, cuando llega el momento de crisis, en última instancia confía en sus *obras* para asegurar su salvación. Para ser justo, debo decir que me reuní de nuevo con él cuando me jubilé y se disculpó por la conversación de aquella noche, diciendo que le había afectado el cambio de horario. Me alegró saberlo.

Cuando llega la muerte, lo que creemos en nuestro corazón es lo que realmente importa. Recordemos que lo que sucedió aquel Viernes Santo y el saber si iremos al cielo o al infierno es el meollo del asunto.

Capítulo siete

LA FE DE CRISTO

Porque en el evangelio la justicia de Dios se revela por fe y para fe, como está escrito: Mas el justo por la fe vivirá.
—Romanos 1:17

Sabiendo que el hombre no es justificado por las obras de la ley, sino por la fe de Jesucristo, nosotros también hemos creído en Jesucristo, para ser justificados por la fe de Cristo y no por las obras de la ley, por cuanto por las obras de la ley nadie será justificado.
—Gálatas 2:16

Lo recuerdo muy bien. Llevaba a mi hijo, TR (así lo llamamos) de once años, a la Escuela Montpelier en Ealing, Londres, para su primer día de clases. Él no quería bajarse del automóvil y era la cuarta escuela en la que lo inscribíamos en el año. No le había agradado ninguna de las anteriores y no soportaba la idea de comenzar de nuevo en otra escuela inglesa. Le dije: "Mira a los otros niños en el patio de juegos; ellos serán tus nuevos amigos". Él ni se movió. La ansiedad era intensa tanto para mí como para él. "TR, de verdad debes ir". Él bajó la mirada y no se movió. Oré pidiendo que Dios me dirigiera. "TR, mírame. Estaré orando por ti *durante todo el día*. Cuando te pongas nervioso, recuerda que papá está orando por ti. Cuando tengas miedo, sea la hora del día que sea, recuerda que estoy orando por ti. *Recuerda que estaré orando por ti todo el día sin parar*".

Estas palabras funcionaron. Abrió la puerta del automóvil y caminó hacia el patio de recreo sin mirar atrás. No fue su fe lo que lo hizo avanzar, sino mi promesa de que oraría por él. Confió en que estaría orando por él sin interrupciones para que le fuera bien en su día. No sé si él mismo oró aquel día o si tuvo mucha fe, pero algo era seguro: él sabía que estaba orando por él. Avanzó hacia su nueva escuela con *mi* fidelidad y mi fe.

Aquel día fue la primera vez que experimenté mis enseñanzas sobre la fe en Jesucristo de una manera tan práctica. En mi propia experiencia cristiana, he aprendido a vivir por la fidelidad de Cristo de orar por mí a la diestra del Padre con una fe perfecta. La primera vez que llegué a ser consciente de la fe y la fidelidad de Cristo, fue el 31 de octubre de 1955. Aquel día comprendí cuán cierto es que Jesús está intercediendo por mí a la diestra de Dios. En Oxford escribí un corito y se lo enseñé a mi iglesia en Lower Heyford, Oxfordshire. Luego, lo compartí con los miembros de la capilla de Westminster. Dice:

> Yo vivo por la fe del Hijo de Dios,
> Oh, vivo por la fe del Hijo de Dios.
> Quién vivió, murió y resucitó
> Y ora por mí a la diestra del Padre.
>
> Él ora por mí a la diestra del Padre,
> Sí, ora por mí a la diestra del Padre

Con fe perfecta y amor perfecto
Él lleva mis dolencias ante el Padre.

¿Por qué es tan importante este capítulo?

¿Son nuevas las enseñanzas de este capítulo para usted? Si es así, ¿por qué es tan importante dedicarle un capítulo entero a la fe de Cristo? La respuesta es, porque la fe de Cristo es imprescindible en la doctrina de la justificación por la fe de Pablo, y hace que todos sus argumentos se cohesionen y tengan sentido. Y lo más importante es que nos muestra que no hay nada meritorio en *nuestra* fe, pues esta no es más que el instrumento que activa la promesa y la revelación de la justicia de Dios. Aunque nuestra fe es esencial para ser salvos, la gloria es completamente de Dios, y es por ello que debemos ensalzar la gloria de la cruz. El propósito de este capítulo es mostrar que el *mérito* de la vida y la fe sin pecado de Jesús es el fundamento de nuestra justificación. La atención no está en nuestra fe, sino en la gloria, la fe y la fidelidad de Jesucristo.

Jesús fue un hombre de fe. Él era Dios y era hombre. Era y es el Dios hombre. Pero como hombre, también fue el creyente perfecto. Por eso Pablo dice que somos "salvos por su vida" (Ro 5:10). En este libro, pongo mi atención principalmente en la muerte de Jesús; pero su muerte nunca debe separarse de su vida, que fue una vida sin pecado. Él mantuvo su promesa de cumplir la Ley (Mt 5:17) para completar la obra que el Padre le encomendó (Jn 5:36) y que fue "consumada" en la cruz (Jn 19:30).

Cuando Isaías dijo de la venida del Mesías: "Confiaré en Él" (Is 8:17), estaba vislumbrando la propia fe de Jesús (ver

Heb 2:13). Como hombre, a Jesús se le dio el Espíritu Santo "sin medida" (ver Jn 3:34) y sin límites, pero nosotros tenemos el Espíritu en medida (Ro 12:3). Por eso Jesús como hombre tuvo una fe perfecta. Como nuestro sustituto, hizo todo lo que se requería de nosotros:

- Él guardó la Ley por nosotros (Mt 5:17).
- Fue bautizado por nosotros (Mt 3:15).
- Creyó por nosotros (Gl 2:16).
- Murió por nosotros (Ro 5:9).
- Resucitó de los muertos por nosotros (Ro 4:25).
- Y ahora intercede por nosotros a la diestra del Padre (Heb 7:25).

Así que en el momento en que transferimos la confianza en nuestras obras hacia su obra por nosotros, nos es acreditada su justicia, como si nosotros también hubiéramos hecho lo que Él hizo. Esto es lo que nos salva y nos garantiza que iremos al cielo al morir.

La conversión de David Brainerd

Mi antiguo mentor Rolfe Barnard predicó un sermón en 1963 llamado: "Cuatro cosas que David Brainerd aprendió". David Brainerd (1718–1747) fue un misionero que llevó el mensaje a los nativos estadounidenses. Murió de tuberculosis con apenas veintinueve años. De haber vivido, se habría convertido en el yerno de Jonathan Edwards

(1703–1758). Edwards estuvo con Brainerd cuando murió y contó cómo la gloria de Dios inundó la habitación cuando este fue llevado al cielo. En 1749, Edwards publicó *The Life and Diary of David Brainerd* [La vida y obra de David Brainerd].[1] Se dice que este libro ha motivado a más personas a ser misioneros que cualquier otro trabajo de literatura de la historia de la Iglesia. John Wesley lo leyó y dijo: "Todo predicador debería leer cuidadosamente *La vida y obra de David Brainerd*".[2]

Pero Brainerd tuvo una larga disputa con Dios antes de convertirse. Cuanto más descubría de Dios, más lo odiaba. Primero, descubrió que Dios demandaba la justicia perfecta, y él sabía que no la tenía. Esto significaba que necesitaba un sustituto, lo cual lo hizo sentirse enojado con Dios. Luego, descubrió que Dios requería una fe perfecta, y Brainerd sabía que no la tenía. Comprendió que Dios debía dársela, y esto lo enojó aún más. Pero lo que más lo enfureció fue saber que Dios podía dar o retener la fe y, finalmente, comprender que Dios podía salvarlo o condenarlo.

Pero Dios tuvo misericordia de David Brainerd y lo salvó, y se convirtió en una leyenda.

Jesús tuvo una fe perfecta y por eso el apóstol Pablo dijo: Yo "vivo en *la fe* del Hijo de Dios" (Gl 2:20, énfasis añadido). Vivimos en la fe de Cristo, porque nuestra fe es débil en comparación con la suya. No vivimos por nuestra fe débil y vacilante, sino por la suya que es constante e inquebrantable. Es decir, nos apoyamos en su fe y en su fidelidad.

Algunos dicen: "Vivo según la regla de oro". Otros dicen: "Vivo según los Diez Mandamientos". Y hay otros que dicen: "Vivo según mi propio régimen alimenticio". Pero Pablo dijo: "Vivo por la fe [o la fidelidad] del Hijo de Dios". Él no confiaba en su propia fidelidad; confiaba en la fe de

Cristo, en el hecho de que Cristo guardó la Ley y murió por nosotros en la cruz. En pocas palabras: Pablo tenía fe en la fe y la fidelidad de Cristo.

Un gran descubrimiento

Aunque había llegado a comprender la fe de Cristo, por los versículos que cité en este capítulo, especialmente Gálatas 2:20, nunca había comprendido la frase: "Por fe y para fe" de Romanos 1:17. Mi comprensión de este versículo evolucionó a partir del *viva voce* (examen oral) en Oxford. En ocasiones, un examen académico puede llegar a ser una experiencia de aprendizaje real. Pero no estaba preparado para el gran descubrimiento que finalmente se produciría luego de mi examen oral en Oxford en diciembre de 1976.

Uno de los examinadores fue T. H. L. Parker (1916–2016), un biógrafo de Juan Calvino y teólogo anglicano muy respetado. Parker fue traductor de algunos de los comentarios de Juan Calvino. También fue conocido como un fervoroso devoto del teólogo suizo Karl Barth (1886–1968), uno de los teólogos más grandes del siglo XX. Yo sabía bastante sobre Barth, ya que había asistido a un seminario de posgrado sobre su teología en el Southern Baptist Theological Seminary. Aunque mi tesis en Oxford fue sobre Calvino y nunca mencioné a Barth, durante mi examen, Parker quiso comparar a Calvino con Barth. De allí surgió el comentario de Parker: "Su tesis ha demostrado la diferencia entre Calvino y Barth". Muchos de los que siguen a Barth creen que Karl Barth era calvinista, y entre ellos seguramente estaba Parker. Su comentario en mi tesis fue una honesta admisión de que Barth y Calvino no creían lo mismo después de todo. Ese comentario sembró en mí una bomba de tiempo.

Empecé a comprender gradual pero significativamente cuánta importancia tenía el asunto.

La diferencia es que Barth creía que somos salvos por la fe de Cristo: que Él como nuestro sustituto creyó de forma perfecta y salvadora por todos los hombres. Es decir, no necesitamos creer para ser salvos, ya que la fe de Cristo nos salva. Conocí al protegido de Barth, el profesor Thomas F. Torrance del New College de la Universidad de Edimburgo, a quien ya mencioné en este libro. El profesor Torrance dice que no somos salvos por nuestra fe, sino por la fe de Cristo. Lo que mi tesis hizo por T. H. L. Parker fue mostrarle que, según Calvino, nosotros *también* debemos creer para poder ser salvos. ¡Calvino no era barthiano! Pero al conversar con Parker pude comprender el significado de "por fe y para fe" de Romanos 1:17.

Yo no exhorto a nadie a leer las enseñanzas de Karl Barth. Por el contrario, él es responsable de que muchos teólogos jóvenes se hayan desviado de la sana teología. Pocos barthianos mantienen sus creencias durante mucho tiempo. Casi todos los que he conocido, tarde o temprano descartan a Barth y con frecuencia siguen a pensadores como Paul Tillich (1886–1965). Al formar parte de la tradición luterana, Tillich hacía hincapié en la fe. Definió la fe como nuestra "máxima preocupación". Definió a Dios como el "fundamento de todo ser". Con estas definiciones, hasta un ateo podría tener fe.

¿Qué pasó con el Evangelio? El liberalismo cobró fuerza en la mayoría de los seminarios y facultades de teología de las universidades en la década de los 60, en ambos lados del Atlántico. Uno de los profesores de mi antiguo seminario fue el mismo hombre, irónicamente, que me persuadió a ir a Oxford. Yo planificaba ir a Edimburgo, ¡y me

alegro de haberlo escuchado! Él me recomendó la Facultad de la Divinidad de la Universidad de Oxford. Sin embargo, él mismo dijo: "Yo pasé del fundamentalismo a Barth, de Barth a Tillich y de Tillich a procesar la teología. Ahora no sé exactamente dónde estoy".[3]

Muchos seguidores de Tillich comenzaron a seguir a Karl Barth. No solo pocos barthianos siguen siendo barthianos, sino que entre ellos no hay evangelistas. Los barthianos no son ganadores de almas, pues no hay motivos por los cuales deberían serlo. Según ellos, Jesús creyó por todos, murió por todos y nos salvó. No hay necesidad de decir a otros que deben creer para ser salvos. Eso es el barthianismo. Su evangelio es simplemente decirles a los demás que fueron salvados, hace dos mil años, por la fe y la muerte de Jesús.

Así como Pablo pudo decir que es deudor de los sabios y de los no sabios (Ro 1:14), Karl Barth y Thomas F. Torrance me ayudaron a comprender más claramente, y estaré eternamente agradecido con ellos, *el significado transcendental de la propia fe de Jesús*. Yo nunca había entendido realmente este asunto. Y no solo eso, comencé a notar que Pablo basa toda su doctrina de la justificación en la fe de Cristo. A eso es que Pablo se refiere con la expresión "por fe y para fe". En el Evangelio se revela una justicia, la justicia de Dios que es "*por fe y para fe*", es decir: "por fe" (la de Jesús) y "para fe" (la nuestra). Su fe nos salva y pone nuestra fe en efecto. La fe de Cristo es la causa meritoria, mientras que nuestra fe es la causa instrumental. La fe de Cristo nos salva con la condición de que nosotros también creamos, mientras que nuestra fe ratifica lo que Jesús hizo en vida y al morir.

La necesidad absoluta de nuestra propia fe

En pocas palabras, la fe de Cristo debe ser ratificada por nuestra fe o estaremos eternamente perdidos. Él tuvo una fe perfecta por nosotros, sí; pero si nosotros mismos no tenemos fe, todo lo que Jesús hizo y sufrió por la raza humana es "sin valor" (palabras de Calvino).[4] Eso significa que si no creemos el Evangelio pereceremos e iremos al infierno. Porque Dios amó tanto al mundo, que dio a su Hijo para que todo aquel que *crea* en Él, no perezca, sino que tenga vida eterna (ver Jn 3:16). Si no creemos, pereceremos. El Nuevo Testamento niega el universalismo.

Algunas versiones tristemente traducen el griego *pistis christou* como "fe en Cristo", pero la traducción correcta es "fe de Cristo". El problema gira en la discrepancia entre si *pistis christou* es el genitivo objetivo: fe en Cristo; o el genitivo subjetivo: fe de Cristo; es decir, si se refiere a la propia fe de Jesús.

En pocas palabras, "por fe y para fe" son dos clases de fe que deben completarse para que podamos ser salvos. La primera fe es la de Cristo; la segunda es la nuestra. Al juntar las dos, tenemos salvación.

He hablado con algunos de los traductores de ciertas versiones de la Biblia (a quienes respeto profundamente) y les he preguntado si no podrían, al menos, colocar una nota al pie de página con la opción "fe de Cristo". Hay muchos pasajes donde se encuentra la expresión "fe de Jesucristo" o "fe de Cristo" traducida del griego; por ejemplo, en Romanos 3:22; Gálatas 2:16, 20; Efesios 3:12; Filipenses 3:9 y otros. Importantes académicos, como Morna Hooker, profesora emérita Lady Margaret en la Universidad de Cambridge; y Michael

Eaton; han defendido la traducción de *pistis christou* como genitivo subjetivo, es decir, como la propia fe de Jesús.

Yo normalmente recurro a versiones que me ayuden a defender el *pistis christou* como la fe de Jesucristo. Agradezco mucho a Dios porque algunos traductores inspirados colocaron esta frase como lo hicieron, ya que de no ser así pocos llegarían a ver que el mérito de nuestra justificación es la misma fe de Jesús y no simplemente la fe en Él. Esto, por supuesto, también significa que debemos tener fe en Él. Pero como veremos más adelante, Gálatas 2:16 declara que creemos *en* Él para ser justificados *por* la fe *de* Cristo. Su fe, como dije, es la causa meritoria. Creemos en Él para recibir el beneficio de su fe perfecta. Algunos *tradujeron* casi todos los textos del griego de manera literal en lugar de *interpretarlos*. Esto hace en parte que el texto bíblico sea más difícil de leer que otras versiones. Aunque el problema con tantas versiones modernas es que, a pesar de que facilitan la lectura, en ocasiones interpretan en lugar de traducir y a veces hasta parafrasean.

"Por fe y para fe" significa entonces que nuestra fe debe seguir la fe de Jesús y su fe debe ser ratificada por la nuestra. Si Pablo hubiera dicho que en el evangelio la justicia de Dios se revela solo por la fe de Cristo, entonces Barth y Torrance tendrían razón y todos iríamos al cielo. Pero Pablo dijo que la justicia de Dios se revela "por la fe y para la fe". El único significado que tiene sentido es que la fe de Cristo debe ser ratificada por nuestra fe. La Nueva Versión Internacional, por ejemplo, por alguna razón no traduce la expresión griega "por fe y para fe", sino que la parafrasea como "de principio a fin", lo cual para mí no tiene sentido.

El panorama se aclara aún más cuando analizamos lo que Pablo estaba pensando tanto en Romanos como en

Gálatas. Él utiliza el término "justicia de Dios" en Romanos 1:17 cuando dice que se revela "por fe y para fe". Luego usa la frase "justicia de Dios" en Romanos 3:22 y muestra exactamente a qué se refería con "por fe y para fe", al decir: "La justicia de Dios por la fe de Jesús el Cristo, para todos y sobre todos los que creen en él" (JBS). Aquí están claramente establecidas la fe de Jesucristo y la nuestra. En otras palabras, solo la fe de Cristo no nos lleva al cielo; nosotros también debemos creer en Él. La fe meritoria de Cristo necesita unirse a nuestra fe, o no habrá justificación.

Gálatas 2:16

Si necesitamos más evidencias, podemos mirar Gálatas 2:16:

> Sabiendo que el hombre no es justificado por las obras de la ley, sino por la fe de Jesucristo, nosotros también hemos creído en Jesucristo, para ser justificados por la fe de Cristo y no por las obras de la ley, por cuanto por las obras de la ley nadie será justificado.

Este versículo realmente se explica por sí solo y no necesita comentario alguno. Pero resaltaré lo obvio: Pablo lo dice *dos veces* en Gálatas 2:16. En la primera parte del versículo dice que somos justificados "por la fe de Jesucristo". Él podía haber dejado el texto hasta ahí, declarando solo la causa meritoria de la justicia de Dios que se nos imputa. ¡Pero si lo hubiera dejado hasta ahí, los barthianos de este mundo se habrían aprovechado de ello! ¡Pero Pablo no era barthiano! Así que continuó diciendo: "Hemos creído en Jesucristo, para ser justificados por la fe de Cristo". En otras palabras, ser justificados por la fe de Jesús es el trasfondo de nuestra salvación. Creemos *para ser* (del griego: *hina* "con el propósito de ser") justificados por la fe de Jesucristo. Lo lamento mucho, pero da tristeza leer la traducción de las versiones modernas de Gálatas 2:16. Hacen que la fe en Cristo suene redundante cuando rechazan el genitivo subjetivo de *pistis christou*, al mencionar dos o tres veces en un mismo versículo que creemos en Cristo.

La fe de Jesucristo es el término que utiliza Pablo para hablar de la obra expiatoria de nuestro sustituto. Con él, Pablo se refiere a:

1. La vida de Cristo (Ro 5:10)
2. La fe de Cristo (Gl 2:20)
3. La muerte de Cristo (Ro 5:9)
4. La resurrección de Cristo (Ro 3:25)
5. La intercesión de Cristo (como está escrito en Heb 7:25).

Pablo muestra entonces en Gálatas 2:20 cómo deben los cristianos *aplicar* la fe de Cristo a su vida. Este es uno de los versículos más grandiosos, gloriosos e impresionantes de la Biblia. Se podría escribir un libro entero solo de este versículo. Pero como el tema principal es el Evangelio, no puedo extenderme mucho en este tema. En resumen, podemos aplicar la fe de Cristo de esta manera: "*Vivo* en la fe del Hijo de Dios" (énfasis añadido). Está hablando de un estilo de vida. Tal vez se traduce mejor del griego: "Vivo por la fe [o la fidelidad], específicamente, la del Hijo de Dios". La aplicación de Pablo de Gálatas 2:20, abarca al menos tres asuntos:

1. Sabemos que Pablo ha sido justificado y por eso no vive por obras, sino por la vida y la muerte de Cristo.
2. Así como Cristo vive en él, nosotros debemos marcar la diferencia en el mundo con nuestras vidas.
3. Él vive con la emocionante convicción de que Cristo está intercediendo por nosotros a la diestra del Padre.

Gálatas 2:20, abarca entonces la obra sacerdotal de Cristo a la diestra de Dios, donde vive para interceder por nosotros (Heb 7:25). A la diestra de Dios, ¡Jesús intercede con su fe perfecta, para que podamos vivir por ella!

> En este instante puedo recibir
> la respuesta de su oración poderosa;
> en este instante vivo por Él,
> su predominio con Dios declararé.
>
> —Charles Wesley (1707–1788)
> "Él entró en el lugar santísimo en el cielo"[5]

Significado y aplicación de Habacuc 2:4

Pablo cita Habacuc 2:4 en dos ocasiones, en Romanos 1:17 y en Gálatas 3:11; y en la Biblia se cita nuevamente en Hebreos 10:38. El pasaje del Antiguo Testamento se traduce mejor del hebreo, así: "Mas el justo por su fe [es decir, la de Dios] vivirá". El apóstol Pablo sabía esto cuando citó Habacuc 2:4. No podemos vivir por nuestra propia justicia, ¡difícilmente! ¡Vivimos por la justicia de Cristo! El creyente depende de la justicia y la fidelidad de Dios. Esta es exactamente la forma en que lo aplica Hebreos 10:38. El autor había exhortado a los cristianos hebreos a no darse por vencidos. "Porque fiel es el que prometió" (Heb 10:23). Dicho esto, explica que vivimos por la fidelidad de Dios en cumplir su palabra; y esta es la forma en que Pablo aplica este punto de vista en Gálatas 2:20.

Debemos creer en la fidelidad de Dios, tener fe en la fe de nuestro Salvador. Las buenas consisten en que no necesitamos tener una fe enorme para ser salvos, ¡solo un poco de fe en un Salvador enorme!

Qué pasaría si...

Algunos desearían que Pablo hubiera dicho que la justicia de Dios se revela "por la fe y para el bautismo". El bautismo es algo que podemos pedir, pero podemos hacerlo sin estar convencidos de la eficacia de la sangre de Cristo en el corazón. Lo siento mucho, pero el bautismo no salva.

¿Qué habría pasado si Pablo hubiera dicho "por la fe y para las obras"? Eso significaría que estaríamos obligados a realizar buenas obras, aunque no sepamos si nuestras obras son lo suficientemente buenas.

¿Qué habría pasado si Pablo hubiera dicho "por la fe y para la moralidad"? Lo único que se requeriría sería una vida limpia.

¿Qué habría pasado si Pablo hubiera dicho "por la fe y para la membresía de la iglesia"? ¡Eso es lo que algunos parecen pensar que los salvará! Qué equivocados están. No se requiere del trabajo del Espíritu Santo para que nos unamos a una iglesia. ¡Podemos hacerlo solo por motivos sociales!

¿Qué habría pasado si Pablo hubiera dicho "por la fe y por

motivos sociales"? Hay un tipo de cristianismo que equipara la fe con sus actividades hacia la sociedad. Yo creo en la participación social y en ayudar a otros, pero eso nada tiene que ver con la forma en que llegaremos al cielo.

¿Qué habría pasado si Pablo hubiera dicho "por la fe y por haber nacido en un hogar cristiano"? Nacer en un hogar cristiano tiene sus ventajas. Pero quien nace en un hogar cristiano no llega a ser salvo a menos que experimente por sí mismo la necesidad de aceptar el Evangelio.

¿Qué habría pasado si Pablo hubiera dicho "por la fe y para la sinceridad"? La sinceridad no es lo suficientemente buena. "Hay camino que al hombre le parece derecho; pero su fin es camino de muerte" (Pr 14:12).

Algunos habrían deseado que Pablo hubiera dicho "por la fe y para la educación". A Dios no le impresiona nuestra educación para nada.

¿Qué habría pasado si Pablo hubiera dicho "por la fe y para el dinero"? Sería muy parecido a comprar indulgencias, como ocurría en los días de Lutero. Pero Dios no quiere nuestro dinero.

Dios dice:

> Venid a las aguas; y los que no tienen dinero, venid, comprad y comed. Venid, comprad sin dinero y sin precio, vino y leche.
>
> —Isaías 55:1

La salvación es un regalo, algo que se recibe sin costo alguno (Ro 6:23). Lo único que debemos hacer es aceptarla. Suponga que usted está en la estación de Victoria en Londres y está seguro de que el tren en la puerta cuatro va a Brighton. Y es así, ¡pero el tren no *lo* llevará a Brighton a menos que se suba a él! Usted puede aceptar el regalo de la salvación orando de la siguiente manera:

> *Señor Jesús, te necesito. Te quiero. Sé que soy pecador. Perdona mis pecados. Lávalos con tu sangre. Recibo a tu Espíritu Santo en mi corazón. Hoy te entrego mi vida. Amén.*

La doctrina de la fe de Pablo se resume en un solo punto: Confiar en lo que Jesucristo hizo por nosotros a través de su vida y en su muerte. Si lo hacemos, podemos estar seguros de que iremos al cielo al morir.

Tres "causas" de la justificación

La enseñanza de este capítulo es esencial para una completa comprensión del Evangelio, ya que la fe de Cristo es la causa *meritoria* de la justificación. Esta le confiere el mérito de nuestra salvación solo a Él. No hay nada en nuestra propia fe que nos salve. Ningún hombre o mujer puede gloriarse en su fe, ya que la fe es el instrumento impartido por el Espíritu que ratifica la fe meritoria de Cristo. La vida de Juan Calvino fue contemporánea a la de Lutero durante unos años, aunque nunca se conocieron. Las enseñanzas y la predicación de Calvino llegaron unos veinte años después de los mejores momentos de Lutero. Así que Calvino tuvo tiempo para que las enseñanzas de Lutero se consolidaran. Calvino enriqueció, pero no contradijo, las enseñanzas de Lutero de la justificación por la fe y propuso tres causas de justificación:

1. La causa meritoria (lo que Cristo hizo por nosotros)
2. La causa instrumental (nuestra fe)
3. La causa efectiva (el poder capacitador del Espíritu Santo)

Por lo tanto, no es la fe lo que salva, sino Dios. ¡Es Cristo el que salva! Lo que Jesucristo hizo es la causa meritoria de que seamos justificados.

Por eso creemos *en* Jesucristo: para ser *justificados por la fe de* Cristo (Gl 2:16). La fe de Jesús lo llevó directamente a vivir sin pecado, guardar la Ley y expiar nuestros pecados. Además, Pablo señala la causa meritoria cuando, en lugar de repetir que somos justificados por la *fe*, dijo que somos "justificados por su sangre" (Ro 5:9, NVI).

Justificados por su sangre

Le invito a reflexionar un instante en esto: somos justificados por la *sangre* de Cristo. ¿Se contradice Pablo al decir que somos justificados por la fe (Ro 5:1) y unos versículos después que somos justificados por la sangre de Jesús? La respuesta es un rotundo no. Lo que hace es demostrar que lo que Jesús hizo por nosotros al derramar su preciosa sangre, es lo que nos hace merecedores de ser salvados de la terrible ira venidera de Dios; esto, si ponemos nuestro caso bajo lo que Jesucristo hizo por nosotros. Es otra forma de decir por la fe y para la fe; nuestra fe pone en práctica lo que Jesús hizo al morir por nosotros.

Cuando Jesús ascendió a la diestra de Dios, se sentó junto al Padre. Los sacerdotes del Antiguo Testamento siempre estuvieron de pie ministrando (ver Heb 10:11, LBLA). Pero Jesús se sienta (Heb 1:3). En algún momento, luego de derramar su sangre en la cruz, Jesús roció su sangre en el propiciatorio en el cielo. Y es ahí donde Jesús está ahora mismo: en el cielo a la diestra de Dios. Él está reinando, esperando el momento en que pueda dejar su trono, pero primero debe poner a sus enemigos debajo de sus pies (ver Sal 110:1; 1 Co 15:25). Mientras el momento llega, Jesús intercede. ¿Duda Él cuando ora por nosotros? ¡Imposible! Él intercede con la misma fe perfecta que demostró en la tierra.

No es de extrañar, entonces, que Pablo pueda decir que vive por la fe del Hijo de Dios.

Capítulo ocho

UNA FE GENUINA, NO FALSIFICADA

Si confesares con tu boca que Jesús es el Señor, y creyeres en tu corazón que Dios le levantó de los muertos, serás salvo. Porque con el corazón se cree para justicia, pero con la boca se confiesa para salvación.
—Romanos 10:9–10

"¿Le gustaría sentarse en la silla de George Whitefield (1714–1770)?". Yo solía preguntar esto a los que visitaban la sacristía de la capilla de Westminster. Docenas de pastores estadounidenses, desde Billy Graham hasta Arthur Blessitt, se sentaron emocionados en una silla que nos había prestado la Biblioteca Congregacional. Pareciera que esperaban recibir una "unción" especial por sentarse en ella. Yo también me senté en esa silla durante horas a lo largo de los años. El nombre y las fechas de George Whitefield estaban incrustados en una placa de metal en el respaldo de la silla. Aunque era una silla bastante común, apenas tapizada, representaba un elemento de la sacristía del que estábamos orgullosos.

Un par de años antes de que me jubilara, los diáconos pensaron que sería buena idea comprar la silla de la Biblioteca Congregacional para que no la volvieran a pedir algún día. También queríamos repararla y tapizarla, pero nos preguntamos si esto dañaría el valor de la silla, así que le escribí a Sotheby's en Londres, los indudables expertos mundiales en antigüedades. Después de examinarla, respondieron: "Esta no es la silla de Whitefield; claramente fue hecha entre los años 1840–1850, por lo que no dañará su valor si se tapiza".

¡Qué decepción! Fue como que el globo de repente se desinfló. Inmediatamente devolvimos la silla a la Biblioteca Congregacional. He pensado mucho en el orgullo y la alegría que nos dio tener la supuesta silla de George Whitefield durante tantos años. Esto me llevó a pensar en las palabras de Jeremías: "Te he puesto en mi pueblo, por torre [...]. Plata desechada los llamarán, porque Jehová los desechó" (Jer 6:27, 30). En otras palabras, eran plata falsificada, no plata verdadera.

No siempre es fácil reconocer una falsificación. Seguramente he manejado dinero falso en alguna ocasión sin saberlo. Compré un reloj de oro en Roma por cuarenta dólares, y le dije a Louise que lo conseguí a buen precio. "Realmente un reloj así cuesta cientos de dólares", le dije (porque ella no estaba feliz con la idea de que le comprara el reloj a un niño en las calles). Sin embargo, cuando traté de venderlo en Suiza a un auténtico joyero, ¡me dijo que no valía ni un dólar! Me engañaron. En otra ocasión estaba subiendo el Monte del Templo en Jerusalén, cuando dos muchachos árabes me mostraron una moneda que aseguraban que acababan de encontrar y me la ofrecieron por cien dólares. Parecía una moneda romana antigua. Reuní todo el dinero que tenía en aquel momento, unos cincuenta dólares, y se los di. ¡Salieron corriendo como locos! Descubrí por qué cuando la llevé a un comerciante de oro en Jerusalén: era falsa, ¡no valía ni un centavo!

Así que tuvimos una silla de Whitefield falsificada en la sacristía durante muchos años. La silla parecía auténtica y agradaba a muchos visitantes. Le tomaban fotografías y se tomaban fotos sentados tanto en la silla como de pie junto a ella. Pero la silla de Whitefield era falsa. Un fraude. Una falsificación.

Los líderes de la iglesia también pueden ser falsos. Los predicadores pueden ser falsos. Los profetas pueden ser falsos. El apóstol Pablo habló de hombres que se disfrazan como apóstoles de Cristo: "Y no es maravilla, porque el mismo Satanás se disfraza como ángel de luz. Así que, no es extraño si también sus ministros se disfrazan como ministros de justicia" (2 Co 11:13-15).

Una fe falsa

También algunos que hacen profesiones de fe parecen al principio ser oro puro, cuando en realidad son "el oro de los tontos". Cerca de 1850, en el Viejo Oeste de Norteamérica, muchos presumían ser ricos porque creían haber descubierto oro en las corrientes de agua. A veces resultaba ser sulfuro de hierro, el cual tiene un brillo metálico y un tono amarillo pálido que le da una apariencia superficial de oro. Este metal finalmente llegó a ser conocido como "el oro de los tontos".

En mi primer viaje a Israel, conocí a un simpático hombre árabe llamado Omar, que se paraba a las afueras de nuestro hotel en Jerusalén para vender perlas y recuerdos. Él nos decía mientras caminábamos hacia el autobús: "¿Quieren comprar algunas perlas? ¡Compre perlas! ¡Jesús salva! ¡Viene pronto! Le doy un precio especial. ¡Jesús salva!". Muchos en el autobús, incluyéndome, le compramos varios artículos. El último domingo fuimos todos al servicio de las 11 en la Iglesia Bautista del Sur en Jerusalén y, para nuestra sorpresa, Omar fue a la iglesia y se sentó en la última fila. Todos estábamos felices de verlo. Mi amigo, el Dr. Jess Moody, predicó y luego hizo una invitación para que todos los presentes recibieran a Cristo; y una persona pasó al frente: ¡Omar! Todos estábamos emocionados. Jess Moody lloró. Eso, hasta que salimos del templo y encontramos que Omar había salido de primero y comenzó a gritar: "Perlas, compre algunas perlas. ¡Jesús vendrá pronto! ¡Jesús salva! Nada como comprar algunas perlas". Jess negó con la cabeza e intentó sonreír. Algunos pensaron que Omar había aceptado la salvación, ¡pero en realidad Omar solo era un astuto comerciante!

Lo que produce la falsificación

Es la fe salvadora lo que nos lleva al cielo, no el pasar al frente durante una cruzada evangelística. No todos los que pasan al frente tienen una fe falsa y no todos los que tienen fe salvadora pasan al frente. Si creemos de *corazón*, donde sea que estemos y siempre y cuando el Señor Jesucristo sea el objeto de nuestra fe, esa fe será salvadora. Podemos pedir ser bautizados y tener una falsa fe. Podemos ser parte de cualquier iglesia y tener una fe falsa. Podemos manifestar algunos frutos de la piedad y realmente no ser salvos. Podemos tener el don de profecía y no tener salvación. Podemos tener el don de hacer milagros y expulsar demonios y aun así perdernos. Jesús dijo:

> Muchos me dirán en aquel día: "Señor, Señor, ¿no profetizamos en tu nombre, y en tu nombre echamos fuera demonios, y en tu nombre hicimos muchos milagros?". Y entonces les declararé: "Nunca os conocí; apartaos de mí, hacedores de maldad".
>
> —Mateo 7:22–23

Mencioné tres definiciones válidas de *fe salvadora.* La fe salvadora se fundamenta en la verdad del evangelio. Es creer en nuestro corazón que Jesús murió por nosotros. Es confiar en su sangre y no en nuestras obras. Es creer en el corazón que Jesús es Dios, que es el Dios hombre. En pocas palabras, es confiar en Cristo. Y solo podemos hacerlo si *creemos en el corazón* que Jesús es Dios y que resucitó de entre los muertos. La clave es creer de corazón.

Solo *usted* sabe si cree de corazón. Si se tiene que *preguntar*: "¿En verdad creo esto en el corazón?", entonces no cree. Uno simplemente sabe si cree o no cree.

La fe es la garantía

La raíz de la palabra griega *pistis*, que significa fe, es *peitho*, que significa "persuasión".[1] Este es un detalle sumamente importante. Ser persuadidos o estar seguros, es un ingrediente esencial de la verdadera fe. La fe no es un conocimiento, sino algo del corazón. No es un reconocimiento mental a ciertas enseñanzas, ni tampoco una emoción o derramar lágrimas. Ni siquiera es guardar fielmente la Ley.

> Aunque fuera siempre fiel,
> aunque llore sin cesar,

del pecado no podré
justificación lograr;
solo en ti teniendo fe,
salvación podré gozar.

—Augustus Toplady (1740–1778)
Himno Roca de la eternidad[2]

Debemos responder la pregunta: "¿Qué es lo que *realmente* creo que es verdadero? ¿Está mi fe basada en información que he escuchado de otros?". Es como la experiencia de la reina de Sabá con el rey Salomón. Ella había escuchado hablar de sus logros y de su sabiduría. Estos rumores habían llegado a su país, a muchos kilómetros de distancia. "Pero yo no lo creía, hasta que he venido, y mis ojos han visto" (1 R 10:7). Ella creyó cuando vio por sí misma. Solo eso pudo convencerla.

Sin embargo, para que la fe sea *fe*, hemos de ser persuadidos a creer en aquello que *no se ve*. "Es, pues, la fe la certeza de lo que se espera, la convicción de lo que no se ve" (Heb 11:1). La reina de Sabá creyó porque *vio*, pero a eso no podemos llamarlo *fe*. Tomás creyó que Jesús había resucitado de entre los muertos porque le vio en persona, resucitado en carne y hueso ante sus ojos. Por eso Jesús le dijo: "Bienaventurados los que no vieron, y creyeron" (Jn 20:29). Fe es creer sin ver.

El ateo secular solo cree lo que percibe: lo que ve, huele, saborea, escucha o siente en su propia piel. Incluso los judíos le gritaron a Jesús en la cruz: "Desciende ahora de la cruz, para que *veamos* y *creamos*" (Mr 15:32, énfasis añadido). Esto es lo que requiere *el hombre físico*. Normalmente decimos: "Lo creeré cuando lo vea", pero si vemos primero y luego creemos, no es *fe*. Lo que vio la reina de Sabá no fue por fe. Lo que Tomás vio no fue por fe. Solo es por fe cuando no hemos visto pero aun así creemos. "Así que la fe es por el oír, y el oír, por la palabra de Dios" (Ro 10:17). Cuando habla de "oír" no se refiere a nuestros oídos físicos, aunque los necesitamos para escuchar el mensaje. Recibir el mensaje a través de nuestros oídos físicos es apenas el comienzo. No podemos oír a menos que el evangelio nos haya sido compartido primero. Pero el oír del que habla Pablo es un *oír interior*. Es una persuasión interna que da el Espíritu Santo. Juan Calvino lo llamó el "testimonio interno del Espíritu Santo" y definió *fe* como "un conocimiento firme y certero de la benevolencia de Dios hacia nosotros, fundado en la verdad de la promesa libremente dada en Cristo, revelada en nuestra mente y sellada sobre nuestro corazón por el Espíritu Santo".[3]

El Espíritu Santo nos persuade y nos infunde la fe. La fe es un don de Dios (Ef 2:8). Aunque esta persuasión no puede ser vista con los ojos físicos, es tan poderosa que daríamos nuestra vida por ella hasta "mil veces", como dijo Martín Lutero. Lutero definió la *fe* como "la confianza viva y valerosa en la gracia de Dios, con una certeza tal del favor de Dios, que arriesgaríamos nuestra vida mil veces confiando en ella".[4]

La fe es la garantía, sin necesidad de buenas obras. Si tenemos que mostrar nuestras obras para convencernos de que tenemos fe, estamos fundamentándola sobre las obras. Pero la fe del evangelio es nuestra garantía, sin obras. Obtenemos esa garantía al mirar a Cristo. "Hay vida en esa mirada —dijo Charles Spurgeon. Y nos exhortó: Corra hacia la cruz. Si no puede correr, camine; si no puede caminar, gatee; si no puede gatear, solo mírela".

Hay quienes afirman que la justificación es por la fe,

pero la seguridad es por las obras, pero esta es una teología equivocada. Y es que, si la fe es una persuasión, ya tenemos esa seguridad. Hay seguridad en la fe. Cuando no hay seguridad, se miran las obras. Eso sería mirarnos a nosotros mismos y no a Cristo. Aun así, Theodore Beza (1519–1605), el sucesor de Juan Calvino en Ginebra, tristemente afirmó que nuestro llamado y elección comienza en nosotros, y que primero debemos "descender en nosotros mismos"; todo lo contrario a lo que Calvino enseñó. Calvino dijo: "Si nos contemplamos a nosotros mismos, tendremos una condenación segura".[5] Los puritanos ingleses siguieron a Beza y no a Calvino, y debido a eso el modelo de los puritanos y sus oyentes se inclinó hacia la introspección, el legalismo y la tristeza. ¿Qué pasó con el Evangelio? Se convirtió en tristeza, fatalidad, legalismo e introspección.

El sacerdocio del creyente

Uno de los frutos menos destacados, pero muy importantes de la gran Reforma, es el redescubrimiento del sacerdocio del creyente. En vez de necesitar un sacerdote con quien confesarnos, podemos confesarnos directamente con Dios sin necesidad de sacerdote. No necesitamos que alguien nos diga que somos perdonados: sabemos que hemos sido perdonados porque lo creemos de corazón. Si necesitamos que un sacerdote o un predicador nos diga cómo saber si nuestra fe nos salvará, es probable que aún no hayamos creído de corazón. Pero si creemos de corazón que Jesús es Dios, ¡con eso basta! Si creemos de corazón que Dios nos perdona gracias a lo que Cristo hizo, ¡eso es suficiente! Si creemos de corazón que Dios resucitó a Jesús de los muertos, ¡no necesitamos nada más! No son necesarias buenas obras que demuestren nuestra fe cuando la fe salvadora está asentada en el corazón. No en el intelecto, ni en nuestras emociones, ni en nuestro celo. La fe salvadora no se fundamenta en nada que hayamos hecho, sino en confiar en Jesucristo directamente. No de manera indirecta comenzando por las obras, ¡sino de forma directa y sin necesidad de nada más!

Cuando un pastor o sacerdote intenta arrancarnos el privilegio de ser nuestros propios sacerdotes, pisoteando aquello que como personas creemos, coloca indignidad sobre nuestros hombros. Nos alienta a confiar únicamente en la opinión de otra persona para ser aprobados.

Cuando alguien ignora nuestro derecho y nuestro privilegio de creer el evangelio en nuestro corazón, imponiéndonos su opinión de que debemos *demostrarlo* a través de buenas obras, viola nuestra dignidad e integridad. Coarta nuestro derecho a pensar por nosotros mismos. Nos priva del privilegio de tener conocimiento propio y actúa en contra de las Escrituras.

Capítulo nueve

LA FE Y LAS OBRAS

Habéis afrentado al pobre [...] ¿Podrá la fe salvarle?
—Santiago 2:6, 14

Martín Lutero no era perfecto. Había al menos dos cosas en él que estaban muy mal. La primera, muy triste por cierto, es que no estimaba a los judíos y se refería a ellos de forma muy despectiva. Lamento mucho esto y también me avergüenzo cada vez que lo recuerdo. Basaba sus comentarios en el hecho de que los judíos habían rechazado a Jesucristo como Mesías. La posición de Lutero era completamente errónea, ya que rechazar el Evangelio no era motivo para odiar a los judíos ni a nadie.

Al parecer, Lutero pasó por alto el comienzo de la Epístola a los Romanos, un libro al cual amaba, donde Pablo dice que el evangelio *sigue siendo* "primeramente" para los judíos y luego para los gentiles (Ro 1:16). Esto significa que los judíos necesitan la salvación, ser convertidos por el Espíritu de Dios y aceptar a Jesús de Nazaret como su verdadero Mesías, o estarán eternamente perdidos. ¡Esto tira por el suelo la idea de que los judíos tendrán una segunda oportunidad! Esta enseñanza es engañosa y peligrosa. Cuando escribí mi libro con el rabino Sir David Rosen, *The Christian and the Pharisee* [El cristiano y el fariseo] (un título escogido por él), me dijo: "Según ustedes los cristianos, los judíos tendremos una segunda oportunidad".[1] En seguida pronuncié un rotundo "¡no!". Pero esta idea equivocada se había entronizado en él, haciéndole creer tanto a él como a todos los judíos que no necesitan creer el Evangelio cuando lo escuchan porque recibirán una segunda oportunidad. Qué concepto tan equivocado. Es horrible que alguien diga eso. Todo judío necesita aceptar el Evangelio de Jesucristo, o se perderá eternamente como lo haría cualquier gentil.

Hace unos años, David y Sharon Rosen nos invitaron a su casa a cenar un viernes en la noche. Durante nuestra conversación, mencioné a Martín Lutero, reconociendo su contribución a la historia de la Iglesia. La hija de David nos acompañaba aquella noche y se mostró visiblemente sorprendida y horrorizada de que dijera algo bueno sobre Lutero. Pero David sabía lo que yo estaba haciendo y le explicó a su hija que me estaba refiriendo a las enseñanzas de Lutero sobre la justificación por la fe. Pero aprendí algo: es muy imprudente mencionar a Martín Lutero delante de un judío de manera elogiosa.

El segundo problema de Martín Lutero era su incapacidad para comprender el libro de Santiago. Él lo veía como "una epístola de paja", y tristemente un año antes de su muerte dijo: "No enseñaremos ese libro aquí". Lutero veía las enseñanzas de Santiago respecto a la fe como una amenaza, pues pensaba equivocadamente que contradecían sus enseñanzas sobre la justificación solo por la fe.

Debo ser justo. Anteriormente condené al antiguo hereje Marción y a quienes creen en la hipergracia moderna por haber rechazado algunos libros del Nuevo Testamento que no apoyan sus enseñanzas. Pero Lutero ciertamente hizo lo mismo: rechazó la Epístola de Santiago.

Martín Lutero dedicó toda su vida, ministerio y reputación a su comprensión de la justificación por la *fe sin obras*. Se convirtió en un tema personal para él y era hipersensible con este asunto. El problema, es que Santiago contiene un versículo que aparentemente contradice categóricamente sus enseñanzas. Se trata del famoso versículo Santiago 2:14.

Santiago 2:14

> Hermanos míos, ¿de qué aprovechará si alguno dice que tiene fe, y no tiene obras? ¿Podrá la fe salvarle?

La respuesta obvia a la pregunta de Santiago es *no*. La respuesta es *no* si nos limitamos a leer solamente este versículo. La respuesta es *no* si comprendemos el versículo en su contexto.

Dicho esto, podemos comprender de maneras *muy* distintas Santiago 2:14 si lo leemos *dentro* de su contexto o si lo hacemos de manera aislada. Reconozco que si leemos el versículo de manera independiente, podemos creer que Santiago está hablando de la garantía de nuestra salvación. Pero esto solo sucede si lo leemos *fuera de su contexto*. El problema es que parece que todos, incluso Lutero, lo tomaron así. Por lo tanto, invariablemente parecen suponer que se está refiriendo a quienes tienen fe, y conjeturan que Santiago está diciendo que el que afirme tener fe, pero no tiene obras, no podrá ser salvo. Y, "¿podrá la fe salvarle?". No.

Por lo tanto, cuando leemos este pasaje de forma aislada, fuera de su contexto, pareciera afirmar que el que afirma tener fe no puede asegurar que es salvo.

Yo nunca estuve convencido de que Santiago estuviera hablando de que la persona de Santiago 2:14 no se salva. Ciertamente podemos ser salvos por fe sin obras. La explicación tradicional es que Santiago simplemente está aclarando que la verdadera fe siempre tendrá obras que demuestren su autenticidad. Esta es la forma en que muchos intérpretes resuelven el dilema. O siguen el lugar común: "Somos justificados únicamente por la fe, pero esta fe siempre va a acompañada". ¡Esto no tiene nada que ver con la explicación real!

Eso no es lo que Santiago dice en absoluto, ¡porque la fe sin obras sí salva! Esa es la conclusión definitiva de Pablo en Gálatas y Romanos.

Pero, ¿no se nos está instando aquí a tener obras para demostrar que tenemos fe? Sí. Pero Santiago no está diciendo que es para demostrárnoslo a nosotros mismos. La mayor libertad consiste en no tener nada que demostrar. Si ya hemos sido convencidos, no necesitamos obras para probar que nuestra fe es genuina. Yo sé muy bien si estoy confiando o no en Cristo para mi salvación, ¡no necesito obras para probarme a mí mismo que soy salvo!

Sin embargo, el mundo no lo sabe. Nadie puede leer nuestra mente. Nadie puede examinar nuestro corazón. Solo pueden saber lo que ven en *nosotros*. Así que necesitamos mostrar buenas obras para llegarles a *otros*. Jesús enseñó que debemos dejar que nuestra luz brille en el mundo para que el mundo pueda ver nuestras buenas obras y glorificar así al Padre celestial (Mt 5:16). Demostramos buenas obras entonces, 1) para obedecer a nuestro Señor y glorificar a nuestro Padre celestial; y 2) para demostrar que realmente nos importa nuestro testimonio ante el mundo. *Ellos* necesitan ver algo en nosotros que les haga querer ser lo que nosotros somos.

Como dije, a Martín Lutero no le gustaba la Epístola de Santiago porque *él* pensaba que contradecía las enseñanzas de Pablo sobre la justificación por la fe. Pero Lutero no interpretó Santiago 2:14 en el contexto de los versículos que lo enmarcan. Lutero estaba *muy* equivocado. No hay contradicción alguna. Por el contrario, ¡Santiago era su aliado!

Primero, Lutero necesitaba comprender que la mención que Santiago hace del "pobre" en Santiago 2:6, *es el tema central de Santiago 2, especialmente de Santiago 2:14.* La mayoría de los eruditos ignoran esto. La palabra griega *ptochon* significa "pobre" (acusativo, masculino, singular). Algunas versiones traducen *ptochon* como "pobres", en plural, dando a entender que se refiere a todos los pobres. Si lo leemos de esa manera, el pasaje pierde el sentido y es poco probable que se comprenda lo que Santiago está diciendo. Afortunadamente, la mayoría de las versiones aciertan al traducir la oración como "habéis afrentado al pobre". Por favor, mantenga en mente que de ahí en adelante Santiago está hablando del "pobre", en singular, para poder entender Santiago 2:14.

La mayoría cree que Santiago pasa del tema del pobre a hablar de la garantía de la salvación cuando llega al versículo 14, pero no es así. Él *continúa* preocupado por el pobre que nunca será alcanzado por el Evangelio porque los primeros judíos cristianos estaban segregando socialmente. En Santiago 2:1, dice: "Hermanos míos, que vuestra fe en nuestro glorioso Señor Jesucristo sea sin acepción de personas". Luego hace una ilustración del problema: un hombre rico viene a sus reuniones y recibe un trato especial, pero el pobre, vestido con ropas raídas es tratado sin ninguna dignidad. Santiago reprende a los judíos por ser así; después de todo, Dios ha elegido a los pobres para que sean ricos en fe y hereden el reino (Stg 2:1–5). Luego, ataca vigorosamente a los judíos conversos porque han deshonrado al *pobre.* Elige usar al "pobre" como una ilustración de cómo los judíos conversos tratan a esta clase de personas. Santiago tiene al pobre en mente durante *todo el capítulo 2 del libro.* Le animo a leer Santiago 2 teniendo en mente al pobre, y no solo todo cobrará sentido para usted, sino que se dará cuenta de que no se diferencia ni un poco de las enseñanzas de Pablo.

No hay absolutamente ninguna contradicción entre lo que Santiago dice y lo que el apóstol Pablo enseña en Romanos y Gálatas.

Como dije al comienzo de este capítulo, léalo de esta manera: "Pero vosotros habéis afrentado al pobre [. . .] ¿Podrá la fe salvarle?" (la NVI dice "menospreciado"). Considere los versículos 6 al 13 como un paréntesis. Lo que Santiago está diciendo es: Ustedes han menospreciado al pobre; ¿podrá la fe salvarlo?". "*Han menospreciado al pobre; ¿puede la fe salvar al pobre?*". Por supuesto que no. Con "salvar", Santiago está queriendo decir ganárselo, convencerlo, convertirlo. ¿Puede solo la fe ganarse al pobre? No. ¿Puede la fe sin obras beneficiar al pobre? No. ¿Puede únicamente la fe influenciar al pobre? No. ¿Puede la fe en sí misma convencer al pobre? No. ¿Puede la fe y más nada convertir al pobre? No.

¡Pero la fe *combinada* con las obras sí puede convencerlo! Al pobre no le interesa en lo más mínimo si nuestra cristología o la doctrina de la trinidad es correcta. Si decimos que creemos que hay un Dios, o que Dios es uno, hacemos bien. Pero también el diablo cree (Stg 2:19).

Así que el error que casi todos parecen cometer es suponer que Santiago pasa del tema de la preocupación por el pobre a la garantía de la salvación del creyente. De ser así, no estamos ni cerca de comprender Santiago 2:14. Lutero no comprendió nunca lo que Santiago quiso decir. La seguridad de la salvación del creyente que tiene fe pero que no tiene obras no estaba ni remotamente en la mente de Santiago. Él se estaba refiriendo a la reputación, el testimonio y la influencia de los judíos conversos que habían sido poco bondadosos con el pobre.

Santiago también estaba dando a entender cuán repugnante es afirmar tener fe y creer la verdad, y al mismo tiempo mostrar desprecio por el pobre. El "salvarlo" en Santiago 2:14, al igual que en Santiago 2:6, está en el acusativo, singular, masculino. El "pobre" y "salvarlo" en Santiago 2:14, se refieren a la misma persona en el original griego. Es sorprendente que Lutero no haya captado esto cuando tradujo la Biblia del griego al alemán.

Permítame explicar brevemente cómo llegué a entender esto. En el verano de 1979, me sentí fuertemente movido a predicar sobre la Epístola de Santiago. Pero pensé: *no puedo predicar de Santiago si no comprendo Santiago 2:14*, un versículo que me había atormentado durante años. Nunca me sentí en paz con la interpretación tradicional del versículo, es decir, que "Santiago solo dice que la fe verdadera va inevitablemente acompañada de buenas obras". Sabía en lo más profundo de mi corazón que eso no era lo que Santiago quería decir, sino lo que muchos quisieran creer que dijo. Pero entonces, ¿qué significaba? Necesitaba entender el significado de Santiago 2:14 o no podría predicar. Entonces, sentí el impulso a comenzar a estudiar desde Santiago 1:1. Se me aseguró que cuando llegara a Santiago 2:14

entendería su significado. El problema se presentó cuando terminé el versículo 13 (todos estos sermones están impresos en el *Westminster Record*), ya que no tenía idea de lo que significaba el versículo 14. Pero la mañana del lunes anterior al domingo en que predicaría sobre esto, finalmente lo entendí. De alguna manera, vi que la palabra "salvarlo" en Santiago 2:14 no se refería a la persona que tiene la fe, sino al testimonio hacia el pobre inconverso. Descubrí que se refiere al pobre en el acusativo, masculino, singular, del versículo 6, pero ninguna de las traducciones que estaba utilizando en ese momento me permitía entenderlo. Cuando descubrí que el versículo 6 y el 14 estaban intrínsecamente ligados, comprendí absolutamente lo que Santiago quiso decir.

Hay algo más que algunos lectores encuentran interesante. Mi descubrimiento llegó durante los días que pasé con el Dr. Martyn Lloyd-Jones repasando mis sermones para cada fin de semana. Compartí lo que había encontrado con el Dr. Lloyd-Jones y, lo recuerdo como si fuera ayer, él me miró y me dijo: "Me has convencido", lo cual por supuesto, me pareció muy halagador. Tiempo después, el fallecido Dr. W. A. Criswell y su esposa comieron con nosotros mientras vivíamos en Ealing. También se sintió atrapado por mi nueva comprensión del texto. Michael Eaton me escribió un tiempo después, luego de escuchar mi sermón grabado, para decirme que mi interpretación de Santiago 2:14–15 no solo lo convenció, sino que afectó su ministerio en Nairobi y lo llevó a abrir una iglesia en Johannesburgo (donde era pastor) para la gente de color en Sudáfrica.

Entonces: ¿Deben los cristianos realizar buenas obras para demostrar que tienen una fe genuina? Sí, por supuesto. ¡Pero es para el beneficio del mundo, no porque necesitemos demostrarnos a nosotros mismos que tenemos fe! La interpretación de Juan Calvino de 2 Pedro 1:10: "Procurad hacer firme vuestra vocación y elección", es muy parecida: debemos dar *prueba* de nuestra fe, no para nosotros, sino para que el mundo la vea. De la misma manera, Santiago tiene en mente a los no conversos, pero elige al pobre como un ejemplo de cómo los creyentes nunca alcanzarán al pobre mientras estén buscando alcanzar a los ricos. Intenta alcanzar al rico, dice Santiago, y nunca lo lograrás; busca alcanzar al pobre, y alcanzarás a ambos.

En cuanto al resto del capítulo 2, es decir los versículos 15 al 26, la palabra griega traducida como "justificado" en Santiago 2:24 se traduce mejor como "vindicado", como en 1 Timoteo 3:16 (NTV). Esto aclara completamente los versículos restantes de Santiago 2, como lo explico en mi libro *Justification by Works*.[2]

¿Veremos a Martín Lutero en el cielo, el hombre que cuestionó si la Epístola de Santiago debería estar en el canon de las Escrituras? ¿Veremos a William Perkins en el cielo, el hombre que se fue a la tumba sin la seguridad de que era un hijo de Dios? ¿Veremos en el cielo a los puritanos que dijeron que no debemos decir que tenemos la seguridad de la salvación a menos que tengamos buenas obras? ¿Veremos a los nazarenos en el cielo, que en términos generales creen que llegarán allí siendo "salvos y santificados"? ¿Veremos a la Madre Teresa de Calcuta en el cielo? ¿Veremos a algunos o a muchos católicos en el cielo? ¿Veremos al papa Juan Pablo II en el cielo?

> Así que, no juzguéis nada antes de tiempo, hasta que venga el Señor, el cual aclarará también lo oculto de las tinieblas, y manifestará las intenciones

> de los corazones; y entonces cada uno recibirá su alabanza de Dios.
>
> —1 Corintios 4:5

La fe implícita

Una de las enseñanzas menos conocidas, pero más importantes de Calvino, es lo que él llama la "fe implícita". Se trata de aquella fe que carece del conocimiento completo de la verdad, pero que es, sin embargo, verdadera. Él cita a la mujer samaritana como ejemplo. Ella creyó lo que vio y oyó de Jesús. Su testimonio llevó a muchos a confesar que Jesús era "el Salvador del mundo" (Jn 4:42). Aunque Jesús aún no había muerto en la cruz y es probable que todavía no lo vieran como el Dios hombre, ellos creyeron lo que vieron. Esta es la fe implícita, una medida de conocimiento que debe completarse en algún momento. Sin embargo, Calvino también agregó que, en cierto sentido, toda fe es implícita. Siempre estamos aprendiendo y tenemos mucho más por aprender.

Una de nuestros miembros en la capilla de Westminster era una joven había aceptado a Cristo en una iglesia en York. Estudiaba allí, y asistió a una iglesia anglicana donde se convirtió. Pero no sabía que existe un infierno, y conocía muy poco del Evangelio cuando llegó a nuestra iglesia. Aunque poco a poco fue creciendo, esto no significa que comenzó a ser cristiana cuando se unió a nosotros. Sin duda se había convertido en York. Sin duda tenía una fe implícita: era una fe genuina y salvadora, pero que carecía en gran medida de conocimiento.

¡Cuánta razón (sospecho que) tenía Lutero! Cuantas sorpresas habrá en el cielo. Pero, ¿qué sucede con aquellos que *estábamos seguros* de que estarían allá pero que no estarán? ¿Qué hay de aquellos que parecían ser muy consagrados? ¿Qué hay de los que ayudaron a los pobres e incluso ayudaron a otros a entrar a la universidad? ¿Qué hay de aquellos que fueron fieles diezmadores y asistieron a la iglesia todos los domingos? Pienso en los millones y millones de bautistas del sur, metodistas, presbiterianos, anglicanos y luteranos que se han bautizado. Algunos dejaron de ir a la iglesia luego de una o dos semanas de su profesión de fe, mientras que otros perseveraron. Pienso en los miles que ingresaron al ministerio. Profesores del seminario, misioneros. ¿Estarán?

Uno de mis profesores favoritos en el seminario fue criado en una iglesia evangélica consolidada. Memorizaba las Escrituras cuando era niño y tenía un gran celo por el Señor. Pero luego de recibir preparación teológica, se olvidó de sus bases y comenzó a enseñar lo contrario de lo que había crecido creyendo. ¿Estará él en el cielo? Pienso en las personas de mi antigua iglesia que cantaban y gritaban (literalmente) al adorar. Caminaban por los pasillos de la iglesia con lágrimas en sus mejillas, agitando pañuelos en el aire, llenos de gozo. ¿Estarán ellos en el cielo? Pienso en predicadores ortodoxos y conocedores, pero que vivieron en adulterio mientras estaban en el ministerio. Pienso en aquel pastor completamente reformado que dejó a su esposa e hijos para irse a vivir un estilo de vida homosexual. ¿Estará él en el cielo? Pienso en el hombre que se hizo mi amigo cuando yo necesitaba ayuda financiera hace muchos años. Se convirtió en una semana, y se perdió a la siguiente. ¿Estará él en el cielo? Dígame usted.

Capítulo diez

EL MOTIVO POR EL QUE SOMOS CRISTIANOS

Porque la ira de Dios se revela desde el cielo contra toda impiedad e injusticia de los hombres que detienen con injusticia la verdad.
—Romanos 1:18

Conociendo, pues, el temor del Señor, persuadimos a los hombres.
—2 Corintios 5:11

En los últimos años, Louise y yo hemos hecho cuatro viajes a Enfield, Connecticut. A menudo, cuando estoy en Connecticut o Massachusetts, considero prioritario ir a Enfield, aunque demoro dos horas en llegar allá. En un terreno vacío al otro lado de la calle de la escuela Montessori, hay una placa en medio de unos arbustos que revela que alguien se encarga del lugar. La placa conmemora el sitio y el mensaje del transcendental sermón de Jonathan Edwards: "Pecadores en las manos de un Dios enojado", predicado el 8 de julio de 1741, en el apogeo del Gran Despertar.[1]

Voy allí a orar y usualmente no me quedo mucho tiempo. Pero siempre le pido al Señor: "Por favor, hazlo de nuevo", tratando de imaginar cómo fue. El viejo centro de reuniones ya no está; solo queda un terreno vacío. Jonathan Edwards tomó como texto base Deuteronomio 32:35 (énfasis añadido): "A *su tiempo* su pie resbalará" y leyó su sermón, relacionado el castigo eterno en el infierno. En pocas palabras, dijo que *solo por la misericordia de Dios no estamos aún en el infierno. Pero estamos colgando de un hilo muy delgado sobre el infierno, y el ángel de la muerte está listo para cortar ese hilo.*

Muchos se ríen de este sermón hoy en día, pero nadie se rio en aquel entonces. El poder del Espíritu era tan intenso que la gente comenzó a aferrarse a los bancos de la iglesia para evitar caer al infierno. Después del servicio, se vio a personas aferrándose a los troncos de los árboles para evitar caer al infierno. Las noticias del sermón se extendieron por toda Nueva Inglaterra en pocos días y por el Atlántico hasta Inglaterra en semanas. Aún hoy se recuerda. Me enteré de que algunos ciudadanos de Enfield se avergüenzan de este lugar. Incluso algunos pastores, teólogos y eruditos de hoy no creen que este acontecimiento sea motivo de orgullo. Pero el sermón inmortal de Edwards forma parte de la historia. La ironía es que Edwards predicó el mismo sermón unas semanas después en su propia iglesia en Northampton, Massachusetts y aparentemente no tuvo efecto alguno. Dios solo lo hizo una vez.

La predicación de Juan el Bautista: "¡Generación de víboras! ¿Quién os enseñó a huir de la ira venidera?" (Mt 3:7), tuvo un efecto similar. Se puede decir que la advertencia sobre la ira de Dios es el primer mensaje del Nuevo Testamento.

Juan el Bautista preparó el escenario para la predicación de Jesús. No muy lejos de aquellos que escucharon o supieron del mensaje de Juan el Bautista, estuvo el pensamiento de la venida de la ira de Dios. Cuando Jesús dijo: "Muchos me dirán en aquel día: Señor, Señor, ¿no profetizamos en tu nombre, y en tu nombre echamos fuera demonios, y en tu nombre hicimos muchos milagros?" (Mt 7:22), no tuvo que explicar a qué se refería con "aquel día". Todos lo sabían, ya que los profetas del Antiguo Testamento habían pronosticado "el día del Señor" (por ejemplo, Is 2:12; Jl 2:31). En el Día de Pentecostés, Pedro citó en su sermón el libro de Joel: "El sol se convertirá en tinieblas, y la luna en sangre, antes que venga el día del Señor, Grande y manifiesto" (Hch 2:20). La respuesta fue que los oyentes "se compungieron de corazón" y preguntaron: "¿Qué haremos?" (Hch 2:37), y todos tuvieron temor (Hch 2:43).

Yo no tengo nada en contra de las iglesias "amigables", siempre y cuando prediquen el Evangelio. No pretendo ser injusto, pero no veo cómo una predicación sobre el infierno y el castigo eterno puede adaptarse a la atmósfera que quieren dar estas iglesias "amigables".

¿Por qué creemos que la gente debería hacerse cristiana? ¿Deberían todos ser cristianos? ¿Por qué? ¿Deberían nuestros seres queridos ser cristianos? ¿Y nuestros hijos? ¿Por qué? ¿Deberían nuestros vecinos ser cristianos? ¿Y nuestros compañeros de trabajo, incluyendo a nuestro jefe, deberían ser cristianos? En pocas palabras, ¿creemos que *todos* deberían ser cristianos? ¿Por qué?

La Epístola a los Romanos está dirigida "a todos los que estáis en Roma, amados de Dios" (Ro 1:7). Romanos no fue escrito estrictamente para los que no eran cristianos, sino para aquellos "que son llamados a ser de Jesucristo" (v. 6). Dicho esto, cualquiera que no sea cristiano puede leer Romanos y convertirse. Ciertamente, yo espero que cualquier persona que no sea cristiana pueda leer mi libro y se convierta. Si esa persona es *usted*, puedo asegurarle que he estado orando por usted. Es mi deseo supremo que llegue a los pies de Cristo con fe por el resultado directo de la lectura de este libro. Nada me emocionaría más que esto.

Como vimos anteriormente, Pablo no pierde tiempo en llegar al corazón de su Epístola a los Romanos. Declara que no está avergonzado del Evangelio porque es poder de Dios para salvación (v. 16). Presenta su doctrina de la justificación por la fe (v. 17) y luego se sumerge en la razón por la que la gente necesita ser salvada:

> Porque [del griego: *gar*] la ira de Dios se revela desde el cielo contra toda impiedad e injusticia de los hombres que detienen con injusticia la verdad.
>
> —Romanos 1:18

¿Por qué deberíamos ser cristianos? En pocas palabras, debido *a la ira de Dios*. Así de simple, esa es la razón por la que necesitamos salvación. Porque el infierno existe.

Por supuesto, hay otras razones. Pero la razón principal según con Juan el Bautista, Jesús y el apóstol Pablo es porque la gente "perecerá" si no cree en Cristo (Jn 3:16).

Algunos dicen: "Creo en el cielo, pero no creo en el infierno".

Yo les respondo: "Si no hay infierno, tampoco hay cielo". La misma Biblia enseña que ambos existen y, en todo caso, habla más sobre el infierno que sobre el cielo.

Necesitamos salvación para ir al cielo y no al infierno.

¿Cree usted esto?

Probablemente todos hemos escuchado decir en alguna ocasión: "Si no existieran el cielo ni el infierno, seguiría siendo cristiano". Escuché esta expresión cuando era niño en mi antigua iglesia en Kentucky. ¿Por qué alguien podría decir eso? ¡Por buenas razones! Han descubierto que tener a Dios como su Padre y al Espíritu Santo como su guía *puede* hacer que la vida sea dulce y maravillosa. Pero, ¿qué haríamos sin la oración? ¿Qué haríamos sin la Biblia? ¿Qué haríamos sin la dirección de Dios? El Dios de la Biblia, el Dios que nos salva, nos da el Espíritu Santo para que experimentemos una relación estrecha con Él. El Dios de la Biblia suple nuestras necesidades (Flp 4:19); nos da nuestro trabajo, nuestro hogar, nuestras posesiones, nuestros amigos. Nos libera cuando hay problemas. Allana el camino cuando ni siquiera estamos pensando en Él. Hace que los acontecimientos fluyan a nuestro favor. Interviene cuando más lo necesitamos, nunca muy tarde ni demasiado temprano, siempre justo a tiempo.

Fácilmente podría desviarme en este momento para testificar de la bondad de Dios: hablar de cómo me llevó a Trevecca; de mi llamado a predicar; de mi primera iglesia; de mi esposa, Louise; de nuestros hijos; de cómo suplió nuestras necesidades al llegar a Inglaterra; de la capilla de Westminster; de un ministerio en mi vejez que me ha llevado alrededor del mundo. ¡La asombrosa providencia de Dios es suficiente para convencernos de que *todos deberíamos ser cristianos!*

Pero esa no es la razón que Pablo da. De ninguna manera. ¿Le sorprende esto? En lugar de buscar ser "amigable", Pablo retoma el tono de los profetas del Antiguo Testamento, de Juan el Bautista y de Jesús, quienes advierten sobre lo que vendrá. La razón por la que necesitamos ser justificados, es por la justicia de Dios, la santidad de Dios, el celo de

Dios, la ira de Dios y, afortunadamente, la misericordia, la bondad y el amor de Dios.

Esto no suena como si Pablo quisiera facilitarnos el querer ser cristianos. Sin embargo, el mismo Pablo dice:

> Por lo cual, siendo libre de todos, me he hecho siervo de todos para ganar a mayor número. Me he hecho a los judíos como judío, para ganar a los judíos; a los que están sujetos a la ley (aunque yo no esté sujeto a la ley) como sujeto a la ley, para ganar a los que están sujetos a la ley; a los que están sin ley, como si yo estuviera sin ley (no estando yo sin ley de Dios, sino bajo la ley de Cristo), para ganar a los que están sin ley. Me he hecho débil a los débiles, para ganar a los débiles; a todos me he hecho de todo, para que de todos modos salve a algunos. Y esto hago por causa del evangelio, para hacerme copartícipe de él.
>
> —1 Corintios 9:19–23

¿Contradicen estas palabras dadas a los corintios lo que Pablo dice en Romanos sobre la ira venidera de Dios?

De ninguna manera. *Debido* a la ira venidera de Dios es que Pablo está preparado para apartarse de su camino y hacer sacrificios a fin de ganar todo lo que pueda para Jesucristo. Está preparado para ser amigable, sí; pero nunca, nunca, nunca escondería las enseñanzas de la cruz o de la de la ira de Dios bajo la alfombra para lograr que más personas lo acepten.

Le recomiendo el último libro de Billy Graham, *Where I Am: Heaven, Eternity and Our Life Beyond*.[2] Me regalaron un ejemplar cuando prediqué el año pasado en *The Cove* (el centro de enseñanza de Billy Graham). Gran parte de este libro trata claramente sobre el tema del infierno. Mientras Billy espera su llamado a la gloria, nos deja este libro que nos permite saber exactamente lo que él cree sobre el cielo y el infierno.

¿Qué cree usted que diría Pablo si lo escuchara decir: "Si no existieran el cielo ni el infierno, seguiría siendo cristiano"? Estoy seguro de que diría: "Yo no". Pablo no solo respondería: "Jamás diría eso", sino que declararía categóricamente: "Y si nuestra esperanza en Cristo es solo para esta vida, somos los más dignos de lástima de todo el mundo" (1 Co 15:19, NTV).

Beneficios incalculables

Ser cristianos produce beneficios adicionales incalculables: la oración; la intimidad con el Espíritu Santo; la dirección de Dios; bendiciones materiales; la lectura de la Biblia; la providencia extraordinaria de Dios; encontrar a verdaderos amigos; ver como Dios abre puertas y cierra las que no nos convienen; ver como Dios nunca llega ni muy temprano ni muy tarde, sino siempre en el momento preciso; la sanidad, los dones y los frutos del Espíritu; la manifestación de su amor cuando menos lo merecemos, e innumerables cosas más. Pero el error que algunos cometen es hacer que los beneficios adicionales de ser cristiano sean la principal razón de ser cristianos.

Testifican: "Mi matrimonio se salvó cuando me convertí en cristiano". Y ciertamente seguro que fue así. Muchos me han escrito para decirme que el libro *Perdón total* o salvó su matrimonio o lo transformó.[3] Pero algunas estadísticas sugieren lo contrario: que el número de matrimonios que terminan en divorcio dentro de la Iglesia es muy similar al de afuera de la Iglesia. Algunos testifican: "Nunca he sido tan feliz en mi vida como lo soy desde que me convertí en cristiano". Y les creo.

Una de las personas que aceptó a Cristo en mi antigua iglesia en Fort Lauderdale, Florida, a quien bauticé, estaba de pie fuera de la iglesia un domingo por la tarde, mirando las estrellas mientras lloraba. Le dije: "¿Estás bien, George?".

"Sí, estoy bien. Solo me pregunto por qué me tomó tanto tiempo creer". Su felicidad era genuina.

Pero no todos dirían esto. La primera persona que bauticé en la capilla de Westminster fue Jay Michaels. Jay era un empresario judío de Los Ángeles y tenía una oficina en Londres. Su secretaria lo invitó a escucharme predicar y él se convirtió aquella misma noche, aunque yo solo me enteré meses después. Nos hicimos amigos y lo llevé a pescar en los Cayos de Florida. Él nos regaló boletos a Louise y a mí para la Cancha Central en el Campeonato de Wimbledon. Se convirtió en parte de nuestra familia. Sin embargo, un día me dijo: "Antes de ser cristiano, era un hombre feliz". No estaba bromeando, aunque tampoco se estaba quejando. Simplemente, me estaba diciendo que desde su conversión la vida no había sido fácil para él. El sermón que me escuchó predicar la noche en que aceptó a Cristo trataba sobre el cielo, a donde ya él se encuentra hoy en día, y sobre estar listos para ir al cielo al morir.

Yo no condeno a ningún ministro, pastor, evangelista o ganador de almas que use todo tipo de medios para atraer a los demás a Cristo; ya sea el testimonio de un cantante de rock, una actriz, un músico o un hombre de negocios. Jesús sanó en más de una manera, así que hay muchas maneras de motivar a las personas a ir a Cristo. Si el sermón de Jonathan Edwards fuera la única manera de salvar, ¿por qué el Espíritu Santo no motivó el mismo sermón semanas después cuando lo predicó en Northampton? No quiero decir con esto que todos los evangelistas o los pastores deben predicar sobre el infierno y el castigo eterno cada vez que hablen.

Cómo cambió la vida de Pablo al ser salvo

Aunque no estoy en contra de que las personas den sus testimonios en las reuniones evangelísticas, que cuenten por qué se convirtieron en cristianos y cómo esto ha cambiado sus vidas, me pregunto cuántos de los que estamos en el ministerio nos atreveríamos a mostrar cómo cuánto cambió la vida de Pablo después de su conversión. Sabemos que fue tomado por el Espíritu Santo. Estuvo ciego durante tres días y luego fue sanado. Se le concedió el arrepentimiento, lo que le dio un giro de 180 grados a su vida. Inmediatamente, comenzó a enseñar que Jesucristo era el Hijo de Dios. Antes de su conversión era el perseguidor número uno de los cristianos, y de repente fue puesto en la lista de los más buscados por los judíos. Le habían dicho que sufriría por el Señor (ver Hch 9:16).

¿Alguna vez se ha puesto usted a analizar cuánto sufrió Pablo? Entonces, ¿cómo sería su testimonio en una reunión evangelística? Escúchelo ahora. "Dinos, Pablo, ¿cómo ha sido desde que te convertiste en cristiano?", y él inicia su charla diciendo: "Lo que el cristianismo ha hecho por mí":

> Dios nos ha exhibido a nosotros los apóstoles como [...] espectáculo al mundo, a los ángeles y a los hombres. Nosotros somos insensatos por amor de

> Cristo [...]. Hasta esta hora padecemos hambre, tenemos sed, estamos desnudos, somos abofeteados, y no tenemos morada fija. Nos fatigamos trabajando con nuestras propias manos [...]. Hemos venido a ser hasta ahora como la escoria del mundo, el desecho de todos.
>
> —1 Corintios 4:9–13

Y él no está hablando aquí de algo momentáneo o de una circunstancia temporal escrita alrededor del año 55 d. C. Al parecer, dos años después la situación no había cambiado en absoluto. No disfrutaba de hoteles cinco estrellas ni tenía un avión privado. En todo caso, ¡iba de mal en peor!

> De los judíos cinco veces he recibido cuarenta azotes menos uno. Tres veces he sido azotado con varas; una vez apedreado; tres veces he padecido naufragio; una noche y un día he estado como náufrago en alta mar; en caminos muchas veces; en peligros de ríos, peligros de ladrones, peligros de los de mi nación, peligros de los gentiles, peligros en la ciudad, peligros en el desierto, peligros en el mar, peligros entre falsos hermanos; en trabajo y fatiga, en muchos desvelos, en hambre y sed, en muchos ayunos, en frío y en desnudez.
>
> —2 Corintios 11:24–27

¿Cree que este testimonio persuadiría a muchos de ser cristianos?

¿Para qué ser cristianos? La respuesta de Pablo es: debido a la ira de Dios venidera.

¿Por qué ser cristianos? Porque la eternidad es mucho tiempo.

¿Por qué ser cristianos? Porque el cristianismo no solo trata sobre esta vida.

Capítulo once

EL INFIERNO

Y en el Hades alzó sus ojos, estando en tormentos, y vio de lejos a Abraham, y a Lázaro en su seno. Entonces él, dando voces, dijo: Padre Abraham, ten misericordia de mí, y envía a Lázaro para que moje la punta de su dedo en agua, y refresque mi lengua; porque estoy atormentado en esta llama.

—Lucas 16:23–24

En su discurso a la primera clase de graduandos del Ejército de Salvación, William Booth (1878–1912) comenzó su charla diciendo: "Hermanos y hermanas, tal vez debería pedirles disculpas por haberlos tenido aquí durante dos años, solo para que pudieran aprender a llevar un alma a Cristo. Tal vez hubiera sido más fácil dejarlos durante cinco minutos en el infierno".[1] La implicación de esta última línea es que no necesitaríamos que nos enseñen a ganar almas para Cristo, si estuviéramos conmovidos y convencidos de lo terrible que es el infierno y de la necesidad de que todos se salven, porque le predicaríamos a cada perdido que viéramos en cualquier lugar, advirtiéndoles sobre la ira venidera y seguramente llevando a muchos a Cristo.

¿Para qué ser cristianos? Repito: porque la eternidad es

muy larga. Todos los habitantes del mundo, los que alguna vez vivieron en él, estarán vivos en dos destinos finales: el cielo o el infierno. Esta es la razón por la que Jesús formuló la pregunta incontestable: "¿De qué le sirve a un hombre ganar *el mundo entero* —algo que es improbable— y *perder su alma*?" (Mr 8:36, LBLA). ¿Cuánto valdrá cualquier fortuna que usted pueda poseer al morir? ¿Cuánto valdrá su popularidad dentro de cien años? ¿O dentro de mil años? ¿O de un millón de años?

Pienso en el último verso del himno de John Newton, "Sublime gracia", que dice:

> Y cuando en Sion por siglos mil
> brillando esté cuál sol,
> yo cantaré por siglos mil
> su amor que me salvó.
>
> —John Newton (1725–1807)[2]

Volteemos la tortilla y coloquemos a alguien en el infierno durante mil siglos. Es imposible comprender lo terrible, abrumador y espantoso que será.

Esto lleva la pregunta: "¿Para qué ser cristianos?" a un nivel sumamente sombrío. Recordemos que si no existe el infierno, tampoco existe el cielo. Si no existe un infierno eterno, tampoco existirá un cielo eterno. No tenemos derecho a creer en el cielo (por muy agradable que sea), de no ser porque la Biblia nos enseña sobre él. Y la misma Biblia que habla sobre la alegría en el cielo, habla incluso más sobre los perdidos en el infierno.

Las palabras de Jesús lo expresan de manera simple, sucinta y clara: "E irán estos al castigo eterno, y los justos a la vida eterna" (Mt 25:46). Si le pedimos que lea este versículo a cualquier persona que no tenga una opinión formada sobre el tema, ¿qué cree usted que diría? La lectura natural es obvia: el castigo eterno dura tanto como la vida eterna.

C. S. Lewis dijo: "No he conocido a una sola persona que no crea completamente en el infierno y que a la vez tenga una creencia plena y vivificante del cielo. La enseñanza bíblica sobre ambos destinos se mantiene o se desmorona. Cuando se habla del cielo y del infierno en las Escrituras, se habla de cada lugar como si fuera real y en algunos pasajes se dice que uno es tan permanente como el otro".[3]

Tenemos las palabras de Jesús: "Irán estos al castigo eterno, y los justos a la vida eterna" (Mt 25:46), así como las palabras de Apocalipsis 20:10, donde no solo se habla de Satanás sino de dos seres humanos, la bestia y el falso profeta, que son arrojados al lago de fuego donde "serán atormentados día y noche por los siglos de los siglos". Por otro lado, tenemos Apocalipsis 14:11 donde se hace referencia a un gran número de personas: "Y el humo de su tormento sube por los siglos de los siglos".

En la Biblia, Jesús habló más sobre el infierno que cualquier otra persona. Y se refirió al infierno como un lugar real (ver Mt 10:28; 13:40–42; Mr 9:43–48). Lo describió en términos gráficos, como un fuego que quema, pero no consume; un gusano eterno que devora a los condenados; y una oscuridad solitaria y amenazante.

¿Debemos disculparnos por hablar de esto? No, no debemos pedir disculpas por las enseñanzas de Jesús sobre el castigo eterno. La primera mención de Jesús sobre el infierno parece estar en el Sermón del Monte. Luego de mencionar el "infierno de fuego" [del griego: *gehenna*], continúa diciendo:

> Pero yo os digo que cualquiera que mira a una mujer para codiciarla, ya adulteró con ella en su corazón. Por tanto, si tu ojo derecho te es ocasión de caer, sácalo, y échalo de ti; pues mejor te es que se pierda uno de tus miembros, y no que todo tu cuerpo sea echado al infierno. Y si tu mano derecha te es ocasión de caer, córtala, y échala de ti; pues mejor te es que se pierda uno de tus miembros, y no que todo tu cuerpo sea echado al infierno [del griego: *gehenna*].
>
> —Mateo 5:28–30

Jesús estaba usando una figura literaria llamada *hipérbole*; no estaba desafiando a los hombres literalmente a arrancarse los ojos, porque si no, muchos lo habrían hecho al terminar el sermón. Sin embargo, demuestra su creencia en el infierno al decir que es mejor renunciar a aquello que es valioso para nosotros, por doloroso que pueda ser, a estar en el infierno para siempre.

Hay tres palabras griegas que se traducen como infierno en varias versiones de la Biblia. La primera es *gehenna*, que está asociada con el fuego y se usa doce veces en el Nuevo Testamento. La segunda es *hades*, que significa "tumba", y también se usa doce veces en el Nuevo Testamento. Cuando Jesús se refirió al *hades* en Lucas 16:23–24, habló de un lugar de fuego y tormento. La tercera palabra es *tartarus*, y solo se usa en 2 Pedro 2:4, y se traduce como "infierno": "Porque si Dios no perdonó a los ángeles que pecaron, sino que arrojándolos al infierno los entregó a prisiones de oscuridad, para ser reservados al juicio". Hay momentos en los que Jesús no usa la palabra infierno, sino que lo describe como las "tinieblas de afuera; [...] [donde] será el lloro y el crujir de dientes" (Mt 8:12). En el tiempo del fin "saldrán los ángeles, y apartarán a los malos de entre los justos, y los echarán en el horno de fuego; allí será el lloro y el crujir de dientes" (Mt 13:49–50).

Es un lugar

El infierno es un lugar, así como el cielo también lo es. Algunos argumentan que el infierno es un estado mental y hablan de "infierno en la tierra". El general Dwight Eisenhower solía decir que "la guerra es el infierno". Algunos dicen que "la vida es el infierno". La palabra infierno es tan popular que se usa incluso para ofender, pero rara vez se utiliza en el púlpito con el sentido que aparece en la Biblia. Del mismo modo, algunos hablan del "cielo en la tierra". El puritano Thomas Brooks (1608–1680) escribió un libro que llamó *Heaven on Earth* (El cielo en la tierra).[4] Entonces, sí, tanto el *cielo* como el *infierno* pueden describirse como un estado mental e incluso como una exclamación: "¡Cielo santo!" u "¡Hola, mi cielo!".

No nos confundamos, el cielo es un lugar y el infierno también. Jesús dijo que hay un lugar de "fuego eterno preparado para el diablo y sus ángeles". Sin embargo, este lugar *no solo* será para el diablo y sus ángeles. "Entonces dirá también a los de la izquierda: Apartaos de mí, malditos, al fuego eterno preparado para el diablo y sus ángeles" (Mt 25:41). Jesús se refiere a lugares opuestos al hablar de la existencia eterna: "E irán estos al castigo eterno, y los justos a la vida eterna" (Mt 25:46).

Estas descripciones de Jesús se ajustan a lo que Pablo llamó la revelación de la "ira de Dios" (Ro 1:18). Al ser justificados por la sangre de Jesús, mucho más "seremos salvos de la ira" (Ro 5:9). Pablo quería mostrarles sus creencias a los conversos romanos antes de ir a visitarlos. Les habló de lo que enseñó cuando estuvo en Tesalónica: "Esperamos el regreso del Hijo de Dios del cielo, al cual resucitó de los muertos, a Jesús, quien nos libra de la ira venidera" (1 Tes 1:10).

Si me preguntan si me gusta esta enseñanza, responderé que no. Quisiera que no fuera cierta. Si Dios me permitiera elegir, dejaría que todos salieran del infierno, salvaría a todos y acabaría con el castigo eterno por completo. En sus 95 tesis, Martín Lutero razonaba que si el Papa tenía poder sobre el purgatorio, entonces, ¿por qué no dejaba salir a todos?

En *The Problem of Pain,* C. S. Lewis les dice a quienes objetan la doctrina del infierno:

> A la larga, la respuesta a todos aquellos quienes objetan la doctrina del infierno, es en sí una pregunta: ¿Qué le está pidiendo a Dios que haga? ¿Que borre sus pecados pasados y, al costo que sea, les dé un nuevo comienzo, allanándoles toda dificultad y ofreciéndoles toda ayuda milagrosa? Pero si Él ha hecho eso en el Calvario. ¿Qué los perdone? Ellos no quieren ser perdonados. ¿Que los deje solos? ¡Ay!, me temo que eso es lo que Él hace.[5]

Esta es la razón por la que enseño sobre este capítulo como lo hago. Soy embajador de Cristo (ver 2 Co 5:20). Un embajador representa fielmente el gobierno de su nación y defiende sus posiciones. Él mismo puede no entenderlas y es posible que no siempre esté de acuerdo con lo que debe hacer, pero aun así lo defiende. Y yo soy embajador.

La aniquilación

Algunos respetados teólogos y predicadores, algunos muy buenos amigos míos, han optado por la enseñanza de la aniquilación. Esto significa que el cuerpo y el alma son aniquilados, se extinguen, se destruyen o desaparecen, como si nunca hubieran existido. Aniquilación significa que la persona deja de existir. Hay un número cada vez mayor de teólogos respetados que mantienen esta posición, mucho más que hace una generación, y el número crece a diario.

Recuerdo una ocasión en la que almorcé con J. I. Packer, probablemente el teólogo más respetado del mundo actual y le dije: "¿Adivina quién cree ahora en la aniquilación?".

Me respondió con consternación: "¿Quién no cree en eso hoy en día?". Me alegré al saber que él no creía en ello, pero los que creen en la aniquilación serán pronto una mayoría (me temo). Muchos pastores caen en esta teoría cuando ven que teólogos altamente venerados la apoyan. Estimados maestros de la Biblia le han dado un poco de respetabilidad a la enseñanza de la aniquilación. Pero afortunadamente aún hay quienes no creen en ella, como Wayne Grudem. Invito a leer su *Systematic Theology* [Teología sistemática].[6] Hay hombres como John Piper y D. A. Carson que no creen en la aniquilación sino en el castigo eterno consciente. Afortunadamente, muchos aún no han cambiado sus puntos de vista del castigo eterno consciente a la aniquilación. No digo esto porque me sienta feliz con la enseñanza del infierno eterno, sino porque mi única y absoluta preocupación es ser un maestro de la Biblia honesto. ¡No quiero estar solo en esto! Agradezco a Dios por aquellos pastores y maestros que no se avergüenzan de defender la que sin duda es una de las enseñanzas más ofensivas de Jesús. En cuanto a aquellos que no quieren creer en el infierno eterno (¿quién puede culparlos?), existen dos opciones:

1. Defender el universalismo (que todos se salvarán al final).
2. La teoría de la aniquilación, que principalmente sectas como los Testigos de Jehová sostuvieron alguna vez.

En cuanto a la posibilidad de que el universalismo sea real, recomiendo leer de nuevo el capítulo sobre la fe de Cristo para desechar esta idea.

Algunas implicaciones de la creencia en la aniquilación

El problema práctico de la aniquilación, aparte de que no es bíblico, es el siguiente: Primero, que no se "predica". Los que creen en la aniquilación (hasta donde sé) no suelen predicarlo (dicho esto, tengo que admitir con tristeza que aquellos que sí creen en el castigo eterno consciente rara vez lo predican). Lo defienden pasivamente, si se les pide. Pero la teoría de la aniquilación no es algo que se predica evangelísticamente, como la advertencia de la ira venidera. Sin duda, es difícil predicar la aniquilación con pasión cuando ya la gente no tiene por qué preocuparse de uno de sus peores temores: el castigo eterno.

En segundo lugar, el concepto de la aniquilación le da a la persona que rechaza el evangelio una razón teológica de lo que esperaba que fuera cierto en todo momento: que no hay infierno al cual temer. Le mencioné esto a un amigo muy respetado (que ahora está en el cielo) cuando compartió conmigo en nuestra casa que había aceptado públicamente la enseñanza de la aniquilación. Le respondí: "Me gustaría que tuvieras razón, pero no creo que sea así. Les estás dando a los incrédulos una razón teológica en bandeja de plata que ellos esperan tener". Un ateo, por supuesto, nunca creería en el infierno; así que hablarle de la aniquilación no lo conmovería en absoluto. No se logrará que crea en Dios haciendo que el Dios de la Biblia parezca menos "horrible".

Tercero, no restaura el temor a Dios en la Iglesia. Creo que existe una correlación entre la ausencia del temor a Dios en la Iglesia y la ausencia de creencia en el castigo eterno. Reemplazar el castigo eterno en el infierno con la aniquilación, difícilmente infundirá una sensación de temor y admiración en el corazón. La creencia de la aniquilación ofrece, en el mejor de los casos, una sensación de alivio —o a veces cierta medida de recato—, ya que la enseñanza tradicional sobre el infierno se considera anticuada, pasada de moda, ridícula y completamente fuera de lugar.

No se puede extraer la teoría de la aniquilación de una lectura informal y espontánea del Nuevo Testamento. Durante unos dos mil años, la Iglesia ha dado por sentado que el infierno es un castigo sin fin. Incluso los mejores escritores de himnos lo han tomado así. Por ejemplo:

> ¿Dónde se maravillará mi alma?
> ¿Cómo podría aspirar al cielo?
> Un esclavo redimido de la muerte y del pecado,
> Una marca sacada del fuego eterno.
> ¿Cómo voy a igualar los triunfos?

¿O cantar entonar mi gran alabanza a mi
Libertador?

—Charles Wesley (1707–1788)
"Donde se maravillará mi alma"[7]

La enseñanza de la aniquilación es un intento valiente, consciente o inconsciente, de desestigmatizar a Dios. Entiendo a quienes quieren hacer que Dios "luzca bien", pero Dios no necesita relaciones públicas. Nuestro trabajo no es hacer que luzca bien ante el mundo. Debemos proclamarlo tal como es. Por eso Jesús dijo que el mundo no puede recibir el Espíritu Santo (Jn 14:17). Esta es la razón por la que la primera obra del Espíritu Santo es convencer al mundo de pecado (Jn 16:7).

Por supuesto que uno *elige* creer en la enseñanza de la aniquilación frente al castigo eterno consciente de los perdidos. Cuando digo "elige", no es porque las Escrituras apoyen la "aniquilación"; todo lo contrario, un versículo que se refiere al infierno como el "fuego que no puede ser apagado" (Mr 9:43) es muy claro y difícil de ignorar. Así que, cuando Jesús habla de que todos fueron arrojados al infierno, "donde el gusano de ellos no muere, y el fuego nunca se apaga" (Mr 9:48) se está refiriendo a un castigo sin fin. ¿Por qué nunca se apaga este fuego si los que están allí ya fueron aniquilados? ¿Para qué se necesita un fuego eterno si no hay nadie en el infierno? Y, ¿para qué mencionar que "está reservada *eternamente* la oscuridad de las tinieblas" para ellos? (Jud 1:13, énfasis añadido). ¿O que "el humo de su tormento sube *por los siglos de los siglos*"? (Ap 14:11, énfasis añadido). ¿O que el diablo será "lanzado en el lago de fuego" para ser "atormentado día y noche *por los siglos de los siglos*"? (Ap 20:10, énfasis añadido). Estos versículos no sugieren que exista la aniquilación. De hecho, quienes apoyan esta teoría no parecen tener una opinión firme sobre la aniquilación de Satanás. Según Jesús, como mencioné antes, el infierno fue creado para el diablo y sus ángeles (ver Mt 25:41).

Dicho de otra manera: si la intención de Jesús y los autores del Nuevo Testamento era transmitir la enseñanza del castigo consciente y eterno, ¿de qué otra manera podían haberla *descrito* para que el lector imparcial comprendiera mejor lo que querían decir?

Los que eligen creer en la aniquilación, encontrarán "pruebas" de ella en la Biblia. Después de todo, cada quien se las ingenia para encontrar versículos que apoyan lo que quiere creer.

Por lo tanto, creer en la aniquilación es una decisión consciente y deliberada, y entiendo a los que lo hacen. Las personas que conozco que apoyan la enseñanza de la aniquilación son hombres y mujeres de Dios buenos, bondadosos e íntegros. Algunos son muy brillantes. Después de todo, la enseñanza tradicional del infierno es sumamente ofensiva, al contrario de la aniquilación, que es inofensiva. Si usted elige creer esta doctrina, consciente de que algunos eruditos muy conocidos y respetables ya han escogido creerla, es probable que usted se convenza de que eso es en realidad lo que la Biblia enseña. Y es bastante fácil probarlo, ¡aunque no lo crea!

Dos argumentos de los que apoyan la enseñanza de la aniquilación

Compartiré dos de los argumentos principales que esgrimen los que apoyan la aniquilación. El primero, es que la “inmortalidad del alma” es un concepto griego que fue adoptado por la fe cristiana. La visión cristiana histórica siempre ha sido que estamos hechos a la imagen de Dios (Gn 1:27). Él es inmortal y por eso creemos en la inmortalidad del alma, ya que es algo que forma parte de haber sido hechos a la imagen de Dios. La inmortalidad es un regalo de la creación: la tenemos al nacer. La premisa de los que creen en la aniquilación, sin embargo, es esta: se nos otorga la inmortalidad no por creación, sino solo por regeneración (al nacer de nuevo). En otras palabras, la inmortalidad y la vida eterna son básicamente idénticas; solo la obtenemos por fe en Jesucristo. Por lo tanto, la persona que no recibe la inmortalidad por la fe no tiene una existencia consciente más allá de la tumba. El problema es que Jesús enseñó que “todos” los que están en la tumba serán resucitados, algunos para vida y otros “a resurrección de condenación” (Jn 5:28–29).

Hay al menos dos interpretaciones sobre cómo el perdido es aniquilado. Algunos creen que la persona no convertida deja de existir cuando muere, sin llegar a conocer ningún castigo consciente. Afirman que ser aniquilados es el castigo en sí; es decir, el impenitente es castigado siendo privado de la inmortalidad. Lo llaman castigo eterno porque dicho castigo, la aniquilación, es para siempre. No obstante, la mayoría de los teólogos evangélicos que creen en esta doctrina, aseguran que quienes no sean salvos resucitarán para enfrentar el juicio final. Esto significa que recobrarán la conciencia para enfrentar a Dios y luego serán aniquilados.

El segundo argumento que compartiré esgrimido por los que creen en la aniquilación, se basa en el significado de la palabra griega *apolummi*. Esta palabra se traduce como "perecer" en Juan 3:16: para que todo aquel que crea en el unigénito Hijo de Dios "no perezca, sino que tenga vida eterna". Afirman que "perecer" significa la aniquilación. Pero no es correcto decir que este es el significado de la palabra *apolummi*, ya que también puede significar "desperdicio". Prueba de ello es que la palabra *apolummi* se utiliza cuando Jesús fue ungido con un perfume costoso y algunos que se opusieron al acto dijeron: "¿Para qué este *desperdicio*?" (Mt 26:8, énfasis añadido). Para ellos el perfume había sido desperdiciado, pero no por ello dejó de existir; quiero decir, el perfume en sí no desapareció. Es como cuando una compañía de seguros considera a un automóvil destrozado como "pérdida total", es decir como inútil, pero aun así todas las partes del automóvil están allí.

Uno puede desperdiciar la vida. Uno puede perder el alma. En estos casos, sería preferible que la aniquilación fuera verdadera, pero no es así.

Algunos afirman que los padres apostólicos no enseñaron sobre el infierno eterno; pero como hemos visto, ¡lamentablemente tampoco hablaron mucho sobre la doctrina de la gracia! Dicho esto, sabemos que Tertuliano (cerca del año 200 d. C.) creía en el castigo eterno, y también San Agustín.

Yo aprendí a debatir cuando estaba en la secundaria en el año 1953, pues pertenecía al equipo de debate de mi escuela. Para ser bueno debatiendo, uno debe poder defender ambos lados del tema. Si me preguntan, podría defender intelectualmente la aniquilación; el problema es que no creo en ella.

Una visión inesperada

Hace muchos años, mientras dirigía la Cena del Señor en la Capilla de Westminster, leí el pasaje de las Escrituras que habla de Judas Iscariote, uno de los doce y el único discípulo que traicionó a nuestro Señor. En el pasaje Jesús dice de él: "Bueno le fuera a ese hombre no haber nacido" (Mt 26:24). No esperaba ver en ese momento lo que vi, pero mi corazón se aceleró y me sentí acongojado. Realmente creo que el Espíritu Santo me hizo comprender en ese momento algo que nunca antes había notado. En pocas palabras, aunque Judas estaba eternamente perdido, *no* sería aniquilado. Después de todo, la aniquilación haría que la persona no existiera más, como si nunca hubiera nacido. Pero Judas nació y Jesús dijo que sería mejor que no hubiera nacido. Esto significa que no sería aniquilado. Después de aquello, nunca más dudé de mis creencias.

Discutí el tema del castigo eterno con David Gooding de la Queens University en Belfast, quien es considerado uno de los mejores eruditos del idioma griego en el mundo y especialista en la Septuaginta, la traducción griega del Antiguo Testamento hebreo. En lo que respecta al idioma griego, él defiende vehementemente el castigo eterno. Los que creen en la aniquilación afirman que creen en el castigo eterno, ya que la aniquilación hace que el castigo sea definitivo y permanente, pero el profesor Gooding dice que técnicamente las palabras griegas utilizadas en Mateo 25:46, donde dice: "Irán estos al castigo eterno", podría traducirse como *castigados* eternamente, sugiriendo que será un castigo continuo.

El hombre rico y Lázaro

El pasaje que usé al comienzo de este capítulo está tomado del relato del hombre rico y Lázaro: uno fue al cielo y el otro al infierno. Algunos dicen que el relato es un hecho histórico, otros que es una parábola. En verdad, esto no importa, aunque es bien sabido que las parábolas no se deben tomar como hechos literales (por favor, vea mi libro *The Parables of Jesus*[8]). Por un lado, el relato del hombre rico y Lázaro bien puede referirse al estado intermedio (donde están los muertos, entre la muerte y el juicio final). Si es así, ciertamente enseña que los que mueren están muy conscientes cuando fallecen. Pero si Lucas 16:19–31 se refiere a este estado intermedio, no cambia lo que sabemos sobre el castigo consciente más allá de la tumba. Dicho esto, hay algunas observaciones que me gustaría hacer:

1. Jesús no inventó la enseñanza del infierno. Él la dio por sentada, es decir, algo que se daba por hecho o por verdadero. No utilizó esta parábola o historia para crear la doctrina del infierno. Cuando dijo que el hombre rico estaba en el infierno, aunque la palabra griega utilizada es *hades* —la tumba—, estaba afirmando lo que el Antiguo Testamento enseña y lo que generalmente se tomaba por cierto en ese momento.
2. El hombre rico tenía consciencia en el infierno. No hay ningún indicio de aniquilación en lo absoluto.

3. Estaba sufriendo. "Estando en tormentos [...]. Estoy atormentado en esta llama" (Lc 16:23–24).

4. Él oró: "Padre Abraham, ten misericordia de mí". Esto sugiere que la gente puede orar en el infierno. Repetirán esencialmente el mismo tipo de oración que hacemos al convertirnos en cristianos: "Dios, sé propicio a mí, pecador" (Lc 18:13). Pero sería demasiado tarde orar en el infierno para recibir respuesta.

5. Tenía memoria. Sospecho que algo que hará que el infierno sea un *infierno*, es que tendremos nuestra memoria intacta. La respuesta al hombre rico fue: "Hijo, acuérdate que recibiste tus bienes en tu vida, y Lázaro también males; pero ahora este es consolado aquí, y tú atormentado" (Lc 16:25). Hay muchas otras cosas que le pudo haber dicho al hombre rico, pero esto nos deja ver que lo que también hará que el infierno sea un *infierno*, será recordar lo que nos llevó a él. Dios solo castiga cuando tiene que hacerlo. El juicio revelará por qué cada quien ha sido enviado al infierno. El Espíritu Santo, por ejemplo, intervino y juzgó a Ananías y Safira por mentirle. Pero antes de que murieran, Pedro les recordó que no estaban obligados a vender sus propiedades. Eran de ellos y si las vendían el dinero era de ellos. Pero como querían "figurar" entre aquellos que vendían sus propiedades y lo daban todo a los apóstoles, fingieron que hacían lo mismo, pero fueron descubiertos.

Cuando Pedro les dijo que no habían mentido a los hombres, sino a Dios, en seguida murieron (Hch 5:1–10).

6. El hombre rico aparentemente estaba solo. A veces pensamos con ligereza: "Si voy al infierno, por lo menos tendré mucha compañía". Lo más probable es que no tengamos ninguna. Además, ellos no podrían hacernos sentir bien.
7. Es permanente. "Además de todo esto, una gran sima está puesta entre nosotros y vosotros, de manera que los que quisieren pasar de aquí a vosotros, no pueden, ni de allá pasar acá" (Lc 16:26).
8. La única prueba que tenemos de que el infierno realmente existe es lo que la Biblia enseña de él. El hombre rico suplicó que enviaran a Lázaro para convencer a sus cinco hermanos de que el infierno es real. Si Lázaro era resucitado de entre los muertos, sus cinco hermanos se convencerían de él, pero la respuesta que el hombre rico recibió fue: "A Moisés y a los profetas tienen; óiganlos" (v. 29), y luego añadió estas solemnes palabras: "Si no oyen a Moisés y a los profetas, tampoco se persuadirán [los cinco hermanos] aunque alguno se levantare de los muertos" (v. 31).

¿El fuego es literal o simbólico?

Si nos preguntamos: ¿Es el fuego del infierno algo literal y físico o es algo que va más allá de todo lo que podamos imaginar? No lo sé. Quizás es el mismo fuego que vio Moisés en la zarza ardiente que no se consumía (Éx 3:2–3). Aquel era un fuego sobrenatural. Sea como sea, literal, físico, espiritual, alegórico, figurativo o una hipérbole, estoy de acuerdo con Abraham: "El Juez de toda la tierra, ¿no ha de hacer lo que es justo?" (Gn 18:25). Esa pregunta es suficiente para mí, porque la respuesta es *sí*: Dios es justo, ecuánime, honrado e infinitamente sabio. Lo que el Dios todopoderoso decida será correcto y se verá *como correcto.*

Una observación más: no tenemos idea de quién era el hombre rico. Ni siquiera sabemos su nombre. Pero sabemos el nombre del hombre que fue al cielo: Lázaro. Dios le dijo a Israel: "No temas, porque yo te redimí; te puse *nombre*, mío eres tú" (Is 43:1, énfasis añadido). Por esto Jesús les dijo a los setenta y dos a quienes envió de dos en dos a cada pueblo y lugar donde luego iría: "Regocijaos de que vuestros *nombres* están escritos en los cielos" (Lc 10:20, énfasis añadido).

Cuando era niño solíamos cantar este himno:

> En el libro del reino
> que en los cielos está,
> dime, Cristo benigno,
> ¿se halla mi nombre allá?
>
> —Mary A. Kidder (1820–1905)
> "Se halla mi nombre allá"[9]

Una maravillosa garantía

El 31 de octubre de 1955 fue un día memorable en mi vida. Experimenté un regocijo y un alivio indescriptibles, pues comprendí que estaba salvado para siempre. No puedo describir el alivio que sentí aquel día al saber que no iré al infierno. Cuando cientos cayeron al suelo bajo el poder del Espíritu Santo en el avivamiento de Cane Ridge en 1802, mientras el predicador hablaba de 2 Corintios 5:10: "Porque es necesario que todos nosotros comparezcamos ante el tribunal de Cristo, para que cada uno reciba según lo que haya hecho mientras estaba en el cuerpo, sea bueno o sea malo", esas mismas personas salieron gritando unas horas después. El temor del Señor había caído sobre ellos. Pero cuando tuvieron seguridad en Él, sus voces se elevaron aún más. Quienes estuvieron allí, dicen que fue un sonido similar al "sonido del Niágara": cientos de personas gritaban y se podían escuchar a una milla de distancia. Ese es el alivio que experimentamos cuando somos salvos y ya no estamos perdidos. La posibilidad del infierno dominó la predicación y la percepción de la gente. El alivio al comprender que no se perderían eternamente en el infierno, fue inexpresable.

Algunos, reaccionan diciendo: "Nunca me ha preocupado ir al infierno". Y los entiendo, pero deberían preocuparse. Lo que he escrito en este libro es real. El infierno existe, así como el cielo, pero el diablo no quiere que creamos en ello. De la misma manera en que Satanás trata de distorsionar y pervertir el Evangelio, también desviará el pensamiento de la gente para que no crean en el infierno.

Repito, creo que la ausencia del temor a Dios en la Iglesia en general se debe en parte a que no se predica ni se cree en el infierno. Existe una enorme correlación entre la falta de temor a Dios en la tierra y en que no se crea en el infierno en la Iglesia.

La buena noticia es que nadie tiene que ir al infierno. *Usted no tiene por qué ir.* Nada puede ser más emocionante que esto: saber que nuestros "nombres" están escritos en el libro del cielo. Eso significa que no iremos al infierno.

¿Por qué los escritores de los Evangelios no hablaron del infierno?

¿Alguna vez ha pensado en los momentos en que Jesús voluntariamente permitió que lo que dijo fuera tergiversado y nunca se molestó en explicarse? Hablaba de situaciones que eran bastante ridículas en sí mismas, y no hizo el menor esfuerzo en decir: "Perdón, no es eso lo que quise decir", o: "permítanme reformular lo que dije", o: "Lo que realmente quise decir es que...". En otras palabras, hubo ocasiones en que la gente pensaba una cosa, pero Jesús se estaba refiriendo a otra, y Él no se molestó en explicarles lo que realmente quería decir. Por ejemplo, cuando Jesús les dijo a sus críticos: "Destruid este templo, y en tres días lo levantaré" (Jn 2:19). Él sabía exactamente cómo lo percibirían ellos. Pensaron que se refería al templo de Jerusalén, pero aun así, permitió que lo malinterpretaran. "En cuarenta y seis años fue edificado este templo —respondieron—, ¿y tú en tres días lo levantarás?" (v. 20). De hecho, esta declaración fue utilizada en su contra cuando los judíos buscaban excusas para crucificarlo. "Este dijo: 'Puedo derribar el templo de Dios, y en tres días reedificarlo'. Y levantándose el sumo sacerdote, le dijo: '¿No respondes nada? ¿Qué testifican estos contra ti?'. *Mas Jesús callaba*" (Mt 26:61-63, énfasis añadido). No fue sino hasta que Juan escribió el cuarto Evangelio, muchos años después, que el verdadero significado de las palabras de Jesús salió a la luz: "Mas Él hablaba del templo de su cuerpo" (Jn 2:21). "Por tanto, cuando resucitó de entre los muertos, sus discípulos se acordaron que había dicho esto" (v. 22). Años después, Juan eligió explicar lo que Jesús realmente quiso decir. Jesús no se explicó a sí mismo, Juan lo hizo.

Sin embargo, hay otras ocasiones en que los escritores de los evangelios no "aclaran las cosas", ni dicen: "Esto es lo que Jesús realmente quiso decir" cuando hablaba de temas que eran muy ofensivos. Por ejemplo, en el capítulo 6 de Juan, que contiene algunas de las "palabras duras" del Evangelio, Jesús se llamó a sí mismo "el pan que descendió del cielo" (v. 41), y no hizo ningún intento por explicar lo que quiso decir. Permitió que sus enemigos verbalizaran lo que se había rumorado durante años: que Jesús era hijo ilegítimo de José y María. "¿No es este Jesús, el hijo de José, cuyo padre y madre nosotros conocemos? ¿Cómo, pues, dice este: Del cielo he descendido?" (v. 42). La prueba de que se estaban refiriendo al supuesto nacimiento fuera del matrimonio de Jesús, es que dijeron: "Nosotros no somos nacidos de fornicación" (Jn 8:41). Era como si dijeran: "A diferencia de ti, Jesús, no somos hijos ilegítimos". A nadie le importaron estos rumores mientras Jesús alimentaba a miles con los panes y los peces, pero cuando comenzó a hablar de cosas que ya eran incómodas, comenzaron a demostrar su odio hacia él. Y en este caso, Juan no salió a explicar, diciendo: "Oh, por cierto, Jesús nació de la virgen María". De hecho, el relato del nacimiento virginal ni siquiera es mencionado por Juan.

Podemos estar seguros de que si los judíos habían oído estos terribles rumores, también los habían oído los discípulos. Sin embargo, ellos eran leales y no cuestionaban a Jesús. No hay ningún indicativo de que los doce supieran que la virgen María dio a luz a Jesús. Ellos recibieron esta información después, cuando María le dio a Lucas los detalles, así como a Mateo. Como dije, a nadie le importaron esos rumores mientras Jesús alimentaba a miles con los panes y los peces.

La pregunta es: ¿Tenemos derecho a escoger y elegir qué declaraciones de Jesús queremos creer?

Y hay más. Jesús dijo: "El que come mi carne y bebe mi sangre, tiene vida eterna; y yo le resucitaré en el día postrero. Porque mi carne es verdadera comida, y mi sangre es verdadera bebida" (Jn 6:54–55). Eso ya era demasiado. Al escuchar esto, incluso muchos de sus seguidores dijeron: "Dura es esta palabra; ¿quién la puede oír?" (v. 60) y "ya no andaban con él" (v. 66). Estas fueron posiblemente las palabras más desagradables para sus oyentes. Juan pudo haberlo explicado, pero no se molestó en decir que se estaba refiriendo a la Cena del Señor.

En otras palabras, en ocasiones Juan explicaba lo que Jesús dijo, pero no todo el tiempo.

Sin duda, una de las enseñanzas más ofensivas y difíciles de Jesús es la del castigo eterno consciente. Habría sido maravilloso que Juan nos hubiera ayudado a comprender esta enseñanza con algún comentario que no nos dejara en el aire. Pero no, ninguno de los escritores de los Evangelios habla sobre las enseñanzas de Jesús sobre el castigo eterno ni se disculpan por ello.

Cuando Jesús terminó de decir sus palabras duras en Juan 6, notó que miles dejaron de seguirlo y les dijo a los doce: "'¿Queréis acaso iros también vosotros?'. Le respondió

Simón Pedro: 'Señor, ¿a quién iremos? Tú tienes palabras de vida eterna'" (vv. 67–68).

Pregunto: cuando escuche una enseñanza ofensiva, especialmente la del castigo eterno, ¿se retractará de seguir a Jesús? ¿O dirá: "a quién iremos, Jesús es el único Hijo de Dios"?

El infierno fue creado por Dios, no por mí. Sus caminos son más amplios que los nuestros; sus pensamientos, más profundos que los nuestros. De hecho: "Como son más altos los cielos que la tierra, así son mis caminos más altos que vuestros caminos, y mis pensamientos más que vuestros pensamientos", dice el Señor (Is 55:9). Por muy incorrecta, ridícula e injusta que esta enseñanza nos parezca, deberíamos bajar nuestra voz y, como dije antes, ponernos del lado de Abraham. Él tampoco podía entender por qué Dios destruiría a Sodoma y Gomorra sin darles una última advertencia, sino que se resignó con esta pregunta: "El Juez de toda la tierra, ¿no ha de hacer lo que es justo?" (Gn 18:25). Esta es mi posición ante esta enseñanza.

Un amigo, que había optado por la enseñanza de la aniquilación, me dio una cariñosa palmada en el hombro y me preguntó: "Kendall, ¿por qué crear tanto alboroto sobre algo periférico?".

Yo le respondí: "Pero, ¿y si es cierto? ¿Y si realmente existe un infierno? ¿Qué pasa si existe el infierno como lo he enseñado? Si fuera así, ciertamente no *sería* algo periférico". Él asintió con la cabeza.

Recordemos la historia de Charlie Stride al comienzo de este libro. Él era un taxista sin antecedentes religiosos. Cuando leyó el folleto: "¿Qué es el cristianismo?" que yo había escrito, el tema lo sacudió de la cabeza a los pies. ¿Por qué? Porque el Espíritu Santo, que es el Autor de la Biblia, se acercó a Charlie y le dio una vislumbre de la eternidad. Esto es lo que sucedió el 8 de julio de 1741 cuando la gente se aferraba a los bancos de la iglesia y a los troncos de los árboles para evitar caer al infierno. Por razones que no entiendo, el Espíritu Santo no parece intervenir así todos los días; pero cuando lo hace, es porque el Dios soberano, justo y misericordioso ha elegido actuar y convencer a la gente del juicio venidero. Mi única esperanza respecto a este libro, es que el mismo Espíritu Santo grabe estas palabras en su vida.

Si no nos encontramos aquí en la tierra, oro para que nos veamos en el cielo.

Capítulo doce

EL CIELO

En la casa de mi Padre muchas moradas hay; si así no fuera, yo os lo hubiera dicho; voy, pues, a preparar lugar para vosotros. Y si me fuere y os preparare lugar, vendré otra vez, y os tomaré a mí mismo, para que donde yo estoy, vosotros también estéis.

—Juan 14:2–3

Uno de los acontecimientos más asombrosos de la historia estadounidense es que muchos de los negros esclavos en el sur se convirtieran al cristianismo. Cuando consideramos la crueldad, las injusticias y el dolor que estos hombres y mujeres padecieron a manos de sus dueños blancos, es natural que nos parezca extraordinario que cualquiera de ellos se haya convertido al cristianismo. Sin embargo, muchos lo hicieron.

¿Por qué? Principalmente por la esperanza del cielo. El cielo fue algo que llamó su atención. Cuando los predicadores mencionaban la esperanza del cielo en una próxima vida, sus oídos se animaban. El pensamiento de que el dolor, la pena, la injusticia y los maltratos terminarían y que recibirían un final feliz, los hacía anhelarlo. Si existía un lugar llamado cielo, ellos estaban interesados en él. Sentados en los balcones segregados de las iglesias en Georgia, Alabama y Mississippi, escuchando la predicación, a estos esclavos se les dio algo por lo cual vivir. Del lejano sur, vinieron algunos de nuestros himnos, espirituales y coros más preciosos:

- "*Swing Low, Sweet Chariot*" (Balancéate suavemente, dulce carruage)
- "*Deep River*" (Río profundo)
- "*Nobody Knows the Troubles I've Seen*" (Nadie conoce los problemas que ha visto)
- "*I'll Fly Away, Oh Glory*" (Yo volaré, oh gloria)
- "*I Got Shoes, You Got Shoes*" (Tengo zapatos, tienes zapatos)
- "*Roll, Jordan, Roll*" (Corre, Jordán, corre)
- "*There Must Be a Heaven Somewhere*" (Tiene que haber un cielo en algún lugar)

Cuando Jesús habla de la "casa" de su Padre en Juan 14:2, se está refiriendo al cielo. En algunas traducciones se las describe como mansiones: "En la casa de mi Padre hay muchas mansiones" (RVR1977). Esta traducción dio lugar a la impresión generalizada de que viviremos en una mansión cuando vayamos al cielo. Yo crecí escuchando una canción, que luego fue popularizada por Elvis Presley (1935–1977), que dice:

Mansión gloriosa tengo allá en el cielo,
Donde las maldades nunca entrarán.
Toda tristeza cambiará en consuelo,

Y en dulce canto el dolor y afán.

—Ira Stanphill (1914–1993)
"Mansión gloriosa"[1]

La mayoría de las versiones de Juan 14:2 traducen la palabra griega *monai* como viviendas o moradas: "En la casa de mi Padre muchas moradas hay". Cualquiera que sea el significado exacto de la palabra, muestra que el Señor está preparando un lugar con muchas moradas en las que viviremos. Y como dije antes, el cielo es un lugar. No es un estado mental, sino un lugar.

Pablo también usó un eufemismo para referirse al cielo, aunque en realidad hablaba del estado intermedio: "Porque sabemos que si nuestra morada terrestre, este tabernáculo, se deshiciere, tenemos de Dios un edificio, una casa no hecha de manos, eterna, en los cielos" (2 Co 5:1). Él se está refiriendo a un cuerpo espiritual temporal que recibimos al morir. Sin embargo, recibiremos cuerpos glorificados en la segunda venida de Jesús.

Al hablar del cielo en este capítulo, pasaré por alto ciertos detalles escatológicos en cuanto al orden de los acontecimientos relacionados con el tiempo y la forma de la segunda venida de Jesús (toqué este tema brevemente en *Prepare Your Heart for the Midnight Cry*[2]). Solo quiero hablar del cielo, ya que lo heredaremos en el futuro, de aquello que Jesús prometió que prepararía para nosotros.

Dicho esto, creo que aprenderíamos mucho más sobre el cielo si pudiéramos estar cinco minutos en él, que con cualquier predicación, suposición, imaginación, escrito o fantasía que podamos escuchar de este lado del cielo. Escribo este último y tan importante capítulo, basándome en los conocimientos limitados que poseo, derivados de las Sagradas

Escrituras, combinados con un poco de santa y benigna especulación. Hace cuarenta años, una editorial me pidió que escribiera un libro sobre el cielo. Me halagó su solicitud, pero nunca terminé el manuscrito. Pronto me di cuenta de que no sabía lo suficiente como para escribir un libro sobre el cielo. Lo más que puedo hacer, es lo que escribiré en este capítulo, que no es más que una gota en un cubo en comparación con lo que debería escribirse.

El cielo es un lugar

En Juan 14:2, Jesús dijo que iría a la casa de su Padre a preparar un *lugar* para sus seguidores. Desde el principio he hecho énfasis en que el infierno es un lugar y no un estado mental. Ahora, como vemos, el cielo también es un lugar que Jesús prometió preparar. ¡Y ha pasado mucho tiempo desde que comenzó! Él pudo haberlo hecho perfectamente en una fracción de segundo, ¡pero han pasado dos mil años! ¡Guao!

El autor del libro de Hebreos lo llamó "el mundo venidero" (Heb 2:5). También lo llamó la "ciudad". Abraham estaba esperando "la *ciudad* que tiene fundamentos, cuyo arquitecto y constructor es Dios" (Heb 11:10, énfasis añadido). Dios también les dio un espaldarazo a quienes viven por fe el hecho de que Él "no se avergüenza de llamarse Dios de ellos; porque les ha preparado una *ciudad*" (v. 16). "Porque no tenemos aquí *ciudad* permanente, sino que buscamos la por venir" (Heb 13:14).

Considero que esa ciudad es la Nueva Jerusalén, como lo describe Juan:

> Y yo Juan vi la santa ciudad, la nueva Jerusalén, descender del cielo, de Dios, dispuesta como una esposa ataviada para su marido. Y oí una gran voz del cielo que decía: He aquí el tabernáculo de Dios con los hombres, y él morará con ellos; y ellos serán su pueblo, y Dios mismo estará con ellos como su Dios.
>
> —Apocalipsis 21:2–3

¿Cómo será el cielo? Debo decir que la Biblia habla más sobre lo que *no* habrá en el cielo que de lo que habrá en él (¡pero lo que no habrá allá hace que sea tremendamente bueno!). Se nos dice más sobre lo que *no* haremos en el cielo que lo que en realidad haremos allá. Recordemos que el cielo es un lugar que gira en torno a Dios, un lugar donde el Cordero de Dios es el centro absoluto. Preguntas como: "¿Me dará Dios un caballo en el cielo?" o "¿Podré ir de pesca en el cielo?" o "¿Habrá un campo de golf allá?" o "¿Visitaremos otros planetas en el cielo?" o ¿Iremos de compras en el cielo?", ¡difícilmente aparecen en el libro de Apocalipsis!

Alguien le preguntó al pintoresco y excéntrico tío Buddy Robinson (1860–1942): "Alguien que mastica tabaco, ¿puede ir al cielo?".

El tío Buddy respondió: "¡Tendría que ir al infierno a escupirlo!".

Varias personas me han sugerido que el cielo suena aburrido si lo único que haremos será adorar. Para ser justos, puedo entender lo que quieren decir, pero puedo asegurarles que eso no será un problema. Primero, tendremos cuerpos glorificados. Ninguno de nosotros sabe cómo será eso. En segundo lugar, tendremos perspectivas muy diferentes cuando lleguemos allí. Estaremos enfocados en Dios en nuestros pensamientos, palabras y obras. Tercero, ser capaces de adorar al Señor Jesucristo con nuestros mismos ojos será tan emocionante y glorioso que no pensaremos hacer otra cosa. Dios mismo sin duda decidirá qué más podemos hacer a lo largo de los incontables años de la eternidad.

Sin embargo, hay algunas cosas de las que podemos estar bastante seguros.

1. El cielo es el lugar que restaurará todo lo que se perdió en la caída y en el jardín del Edén.

Pedro dijo que Jesús permanecerá a la diestra del Padre "hasta los tiempos de la restauración de todas las cosas, de que habló Dios por boca de sus santos profetas que han sido desde tiempo antiguo" (Hch 3:21). El que estaba sentado en el trono dijo: "He aquí, yo hago nuevas todas las cosas" (Ap 21:5).

En el medio del Jardín del Edén estaba el árbol de la vida y el del conocimiento del bien y del mal (Gn 2:9). Pero Juan no menciona el árbol del conocimiento del bien y del mal en el cielo. Él dijo:

> Después me mostró un río limpio de agua de vida, resplandeciente como cristal, que salía del trono de Dios y del Cordero. En medio de la calle de la ciudad, y a uno y otro lado del río, estaba el árbol de la vida, que produce doce frutos, dando cada mes su fruto; y las hojas del árbol eran para la sanidad de las naciones.
>
> —Apocalipsis 22:1–2

Todos tenemos curiosidad por saber más sobre lo que habrá y lo que veremos en el cielo. A todos nos gustaría saber más sobre lo que *haremos* en el cielo. Sin embargo, lo que sabemos con seguridad es que será el Jardín del Edén restaurado, y que las hojas del árbol de la vida serán para "la sanidad de las naciones", lo cual es fascinante. Quién sabe qué significa, pero es una indicación de que el cielo será un lugar de paz. No habrá más guerra.

La referencia al fruto sugiere que comeremos en el cielo, pero solo se mencionan frutas. Esto podría ser decepcionante para aquellos que nos imaginamos comiendo el mejor filete de ternera o un gigantesco salmón ahumado, ¡o tal vez un pollo tikka masala! Pero puedo garantizarle esto: estaremos más que satisfechos.

En el cielo adoraremos como lo hizo Adán antes de la caída, pero con esta gloriosa excepción: tendremos algo de qué estar agradecidos, algo que Adán no conoció jamás. No había pecado en Adán antes de la caída, así que él adoraba sin la carga y peso del pecado. Pero en el cielo adoraremos no solo sin pecado, sino también con gratitud desbordante:

> Y cantaban un nuevo cántico, diciendo: Digno eres de tomar el libro y de abrir sus sellos; porque tú fuiste inmolado, y con tu sangre nos has redimido para Dios, de todo linaje y lengua y pueblo y nación.
>
> —Apocalipsis 5:9

2. Es el lugar donde habitará todo aquel que alguna vez vivió y creyó en Dios.

No habrá hijos de Dios ausentes del cielo. Todos los hijos de Dios que alguna vez hayan vivido estarán presentes. Las puertas del cielo no se cerrarán hasta que todo aquel que ha nacido de nuevo haya entrado. Toda persona que haya sido justificada por la fe estará allí. Todo aquel que haya sido adoptado en la familia de Dios estará allí. En otras palabras, todos los elegidos de Dios estarán allí, aquellos cuyos pecados han sido lavados por la sangre del Cordero.

La multitud que estará en el cielo será tan grande que "nadie podrá contarla" en número. ¡Será mucha gente! Toda persona en la historia de la humanidad que fue redimida por la sangre de Jesucristo estará presente. Vendrán de cada siglo, cada generación, cada año en la historia de la raza humana. Vendrán de cada tribu, lengua, pueblo y nación (Ap 5:9). Irán de todos los estados de cada país. Aunque todos hablaremos un mismo idioma, todos los idiomas que había en la tierra tendrán representación. Cada acento de cada idioma estará representado. ¡Los habitantes de Kentucky, Holanda o Gales que pensaban que su idioma era el "idioma del cielo" aprenderán a hablar el mismo nuevo idioma de esta innumerable multitud!

3. Será un lugar sagrado.

"No entrará en ella ninguna cosa inmunda, o que hace abominación y mentira, sino solamente los que están inscritos en el libro de la vida del Cordero" (Ap 21:27). El Dios más santo, cuyos "ojos son demasiado puros como para mirar el mal" (Hab 1:13, PDT), garantizará que el cielo carezca de la más leve mancha o indicio de pecado. El Dios de la Biblia que le ordenó al antiguo Israel: "Seréis santos, porque yo soy santo" (Lv 11:44), también le ordena a su pueblo redimido que sea santo (ver 1 P 1:16).

Por lo tanto, el cielo será un lugar sagrado. No existirán quienes vendan drogas, ni quienes se dediquen a la prostitución o a la pornografía. No habrá música malvada que esté inspirada por Satanás y el mundo demoníaco. No habrá mentiras, trampas, traiciones, infidelidades o deshonestidad. No habrá errores judiciales, ni sobornos, ni jueces malvados, ni políticos corruptos. No habrá idolatría, ni brujería, ni cartas astrológicas, ni adivinos. Nadie será infiel en su matrimonio, ni existirá el divorcio o las separaciones. No habrá adulterio, fornicación o perversiones sexuales. No entrarán allá violadores, secuestradores, abusadores o quienes causan maltrato.

No habrá necesidad de policías en el cielo, ni de alguaciles. No habrá jueces corruptos ni anarquía en el cielo. No habrá abogados deshonestos que liberen a los ricos de sus responsabilidades y que muestren desprecio por los pobres. No habrá injusticias en el cielo en las que los que tienen mejores influencias salen bien parados y los que no tienen dinero van a prisión. De hecho, no habrá cárceles, ni ningún tipo de prisión.

4. Será un lugar donde todos los residentes serán glorificados.

La glorificación es descrita por el apóstol Pablo como el cuarto y último eslabón en la cadena de oro de la redención: primero la predestinación, luego el llamado, la justificación y la glorificación. "A los que predestinó, a estos también llamó; y a los que llamó, a estos también justificó; y a los que justificó, a estos también glorificó" (Ro 8:30).

Cada persona en el cielo será como Jesús. Eso no significa que nos veremos exactamente como Él o que tendremos treinta y tres años o su color de ojos, su cerebro o su coeficiente intelectual. Significa que seremos sin pecado y tendremos cuerpos sin ningún defecto. Cada persona tendrá en el cielo la misma identidad que tuvo en la tierra. Nos conocerán tal y como fuimos conocidos (ver 1 Co 13:12). Los discípulos reconocieron a Moisés y a Elías en el monte en la transfiguración (ver Mt 17:2). Así también

Jesús se verá igual a como se veía en sus días en la tierra. Tendrá las mismas facciones, el mismo color de cabello, el mismo color de ojos, las mismas cejas, el mismo tamaño de nariz y la misma altura que tenía cuando murió en la cruz a sus treinta y tres años. Su resurrección de entre los muertos no cambió su apariencia. Era el mismo Jesús a quien sus seguidores habían visto y conocido, pero con cicatrices en su cuerpo y en sus manos (ver Jn 20:25–27). Él es la única persona en el cielo que tendrá cicatrices o imperfecciones en su cuerpo. Jesús tendrá esas cicatrices para siempre, pues nos recordarán durante toda la eternidad cómo llegamos al cielo, gracias a su horrible muerte en la cruz.

Entonces, cuando digo que todos serán como Jesús, no me refiero a la apariencia exterior sino a la carencia de pecado. A quien Dios de antemano conoció y predestinó "para que fuesen hechos conformes a la imagen de su Hijo, para que él sea el primogénito entre muchos hermanos" (Ro 8:29). "Seremos semejantes a Él, porque le veremos tal como Él es" (1 Jn 3:2). Habremos "cambiado" de la mortalidad a la inmortalidad, de la corrupción a la incorrupción (ver 1 Co 15:52–53). Seremos hechos como el "cuerpo de la gloria" de Cristo (Fil 3:21).

Frances Jane van Alstyne, más conocida como Fanny Crosby (1820–1915), es una de las escritoras de himnos más importantes de todos los tiempos. Escribió posiblemente ocho mil himnos y canciones cristianas, a pesar de que desarrolló una infección ocular cuando tenía apenas seis semanas de nacida. El tratamiento que le colocaron dañó su nervio óptico y quedó ciega desde entonces. En una ocasión, alguien que intentó solidarizarse con ella, le dijo: "Siento mucho que no hayas visto la luz del día ni a nadie de los que están a tu alrededor". Su respuesta fue: "Esto no me entristece en absoluto, pues lo primero que veré será el rostro de Jesús. Basándose en eso escribió el siguiente himno:

> Un día yo he de faltar
> De mi lugar en esta grey;
> Mas, ¡oh, qué gozo al despertar
> En el palacio de mi Rey!
>
> Y cara a cara le veré,
> Y viviré con Él allí,
> Y para siempre cantaré:
> Salvado por su gracia fui.
>
> —Fanny Crosby
> "Un día yo he de faltar"[3]

No habrá ceguera en el cielo, pues no habrá enfermedad. No habrá más padecimientos, ni enfermos, ni personas en sillas de ruedas. Nadie que camine con bastones o con muletas. No habrá ningún cojo por distrofia muscular, ni quien esté débil por la esclerosis múltiple. No habrá una sola persona que deba usar audífonos, ni que use gafas. No habrá nadie con desnutrición, ni que sufra de sobrepeso. No habrá enfermedades cardíacas, ni necesidad de intervenciones o de marcapasos. Nadie tendrá dificultad para respirar, ni sufrirá de pérdida de memoria o problemas de concentración. No existirán alergias, tos o estornudos. No habrá nunca más problemas digestivos, de riñones o de vejiga, ni dolores de garganta o sinusitis. Ya no existirá el cáncer, no habrá problemas de aprendizaje, ni quienes sufran por dolores de espalda; nadie tendrá dificultades en la cadera, en las rodillas o en los pies. Nadie perderá la fuerza por la vejez, no habrá quien quede en cama o que necesite ser alimentado. No habrá problemas de dientes, ni caries, ni dolores de muelas, ni implantes dentales.

No habrá necesidad de dentistas en el cielo, pues no hay necesidad de médicos allá, ni de cirujanos, consultores médicos. No habrá salas de espera llenas por citas médicas, no habrá ambulancias, ni necesitaremos seguro médico nunca más. No habrá psiquiatras, psicólogos o consejeros matrimoniales.

Seremos glorificados y eso significa que tendremos cuerpos perfectos, mentes perfectas, ojos perfectos, audición y postura perfecta. No tendremos debilidad, ni cansancio, ¡ni siquiera necesidad de dormir!

Esto quiere decir que ya no tendremos pecado, y ese es uno de los aspectos más importantes de la glorificación. No habrá corrupción o engaño en nosotros. En esta vida, el corazón es engañoso y perverso por encima de todas las cosas (ver Jer 17:9), pero toda la depravación natural heredada de Adán será totalmente erradicada y aniquilada. ¡La única aniquilación en la que creo es la inexistencia del pecado y la tentación! No habrá celos ni envidia, ni vanidad, ni miradas de orgullo o competitividad. No habrá superioridad, lujuria, codicia, odio, enojo, amargura, falta de perdón, rencor o necesidad de vindicación. No habrá necesidad de sobresalir ni deseo de reconocimiento o de obtener el crédito por las buenas acciones. No habrá deseo de venganza, necesidad de limpiar nuestro nombre, deshonestidad, falsedad o traición. No será necesario demostrar nada.

No puedo imaginar ni remotamente cómo será. No puedo imaginar una existencia sin pecado interior y sin la susceptibilidad a la tentación. Jesús fue sin pecado y fue tentado en todo (Heb 4:15). Pero en el cielo no habrá naturaleza pecaminosa, ni existirá ninguna tentación. Imaginemos esto:

¡Seremos seres sin pecado como Jesús y no habrá nada en el cielo que nos cause tentación! Es algo demasiado alucinante como para imaginarlo.

5. Será un lugar donde no habrá preocupaciones financieras.

Nadie tendrá deudas, no habrá cobradores de facturas, avisos de advertencia por el pago de una factura. No habrá necesidad de cuentas de ahorro, de abogados, fiscales o jueces. No habrá veredictos incorrectos o injustos. No habrá pagos mensuales de hipotecas, facturas de agua, de electricidad, de calefacción; facturas médicas o del dentista. No habrá ansiedad. No habrá problemas de movilidad. No habrá envidia por la riqueza, automóviles caros, casas enormes o los lugares prestigiosos. No habrá jactancia por los grandes salarios ni será necesario presumir de nuestra casa.

6. No habrá tristeza en el cielo.

Dios "enjugará toda lágrima" de nuestros ojos. No habrá funerales en el cielo, despedidas, lamento o dolor. "Ya no habrá muerte, ni habrá más llanto, ni clamor, ni dolor; porque las primeras cosas pasaron" (Ap 21:4). No habrá dolor por la pérdida de un ser querido, ya sea un niño, una madre, un padre, un hermano, una hermana o un amigo cercano. No habrá funerarias ni embalsamadores en el cielo. No habrá necesidad de cuidado pastoral de los afligidos por la pérdida. No lloraremos de dolor, de pena, de decepción, rechazo o soledad en el cielo. Aunque aquí en la tierra podamos sentirnos solos en medio de una multitud, los incontables miles de millones de personas que habrá en el cielo serán verdaderos amigos que nunca nos traicionarán o rechazarán. Todos seremos como Jesús, aquél que entregó su corazón a los solitarios. La soledad tendrá su punto final desde el primer segundo que lleguemos al cielo.

7. Será un lugar de adoración continua.

Tenemos una vislumbre de esto en el libro de Apocalipsis. Los cuatro seres vivientes "nunca dejarán de decir", ni de día ni de noche:

> Santo, santo, santo es el Señor Dios Todopoderoso,
> el que era, el que es, y el que ha de venir.
>
> —Apocalipsis 4:8

La única diferencia entre la visión de la gloria de Dios de Isaías y lo que veremos en el cielo, será que en el cielo no seremos condenados por ningún pecado. ¡No habrá pecado que nos pueda condenar! ¡Nadie se sentirá pecador! Toda depravación y engaño del corazón será eliminado para siempre. ¡Ver a Jesús resolverá todo! Seremos como Él. Cuando Isaías vio los querubines y la gloria de Dios, se lamentó y dijo: "¡Ay de mí! que soy muerto" (Is 6:5). Pero cuando lleguemos al cielo no será así, pues no habrá convicción de pecado, ya que no tendremos naturaleza de pecado. Ni siquiera seremos tentados. Seremos completamente incapaces de pecar. San Agustín planteó las cuatro etapas de la humanidad:

1. El hombre fue creado *con la capacidad de pecar.*
2. Después de la caída, el hombre no pudo evitar *dejar de pecar.*
3. Luego de la regeneración, el hombre *fue capaz de dejar de pecar.*

4. ¡Y luego de la glorificación, el hombre ya *no podrá pecar nunca más*![4]

No habrá tentación de adorar dioses falsos, ni existirán los ídolos ni los baales; no habrá religiones falsas, ni budismo, ni islamismo, ni sintoísmo. No habrá imágenes de santos, ni imágenes de Jesús o de ángeles. No nos distraeremos con otros pensamientos mientras adoramos. No habrá necesidad de callar para entrar en el estado de ánimo apropiado para adorar. Nuestro cuerpo, espíritu y mente glorificados no necesitarán preparación, ya que entraremos en alabanza y adoración espontánea. No lo haremos para "sentir un pedacito del cielo" porque estaremos *en* el cielo y en medio del nivel más alto de alabanza que alguna vez haya existido.

En mi libro *Worshipping God*, sugiero que podemos aprender de los ángeles sobre cómo adorar.[5] Ellos son seres sin pecado y me parece que son ejemplos sin paralelo de la verdadera adoración. Nunca se enfocan en sí mismos, ni quieren ningún tipo de atención. Su mente está en Dios. Pero nosotros seremos mayores que los ángeles cuando lleguemos al cielo. Como dijo un gran escritor de himnos:

> ¡Santo, Santo cantarán los ángeles!,
> Y yo deseo ayudarlos a que las cortes celestiales retumben.
> Pero cuando cante sobre la historia de la redención, ellos doblarán sus alas,
> Pues ellos nunca han sentido el gozo de nuestra salvación.
>
> —John Oatman Jr. (1856–1922)
> *"Holy, Holy Is What the Angels Sing"*[6]

No habrá oración en el cielo, ni intercesión. No habrá necesidad de fe, pues "la fe es la certeza de lo que se espera y la convicción de lo que no se ve" (Heb 11:1). La fe, entonces, es creer sin ver. ¡Pero en el cielo podremos ver! El ateo dice: "Lo creeré cuando lo vea". El problema es que al ver, ¡no hay fe! Ya no necesitaremos la fe en el cielo, ya que todo será claro y visible. No habrá necesidad de confiar en Dios en esto o aquello. No se compartirán peticiones de oración en el cielo. Si queremos orar, debemos hacerlo ahora. Si deseamos caminar más cerca de Dios, hagámoslo ahora, porque no habrá necesidad de esto en el cielo. Si queremos pasar tiempo a solas con Dios, hagámoslo ahora. Si queremos intimidad con el Espíritu Santo, comencemos desde ahora, porque el tiempo de orar terminará. Ya no habrá necesidad de tiempo a solas. Una de las líneas más conmovedoras en todo el himnario es el verso final del himno "Dulce oración", que dice:

> Dulce oración, dulce oración,
> Aliento y gozo al alma das;
> En este valle de aflicción
> Consuelo siempre me serás.
> Tan solo el día cuando esté
> Con Cristo en la celeste Sion,
> Entonces me despediré
> Feliz, de ti, dulce oración.
>
> —William W. Walford (1772–1850)
> "Dulce oración"[7]

Charles Wesley anhelaba "saber mil idiomas" para alabar a Dios; anhelaba un corazón para alabar a Dios, un corazón libre del pecado. ¿Qué pasará cuando la población total del cielo se convierta en un gran coro, una multitud que ningún hombre pueda contar, con voces que canten y emitan sonidos que ningún ser humano puede imitar? ¡Quién sabe cómo será eso!

El cielo será un lugar ruidoso. Habrá "fuertes voces en el cielo", que dirán:

> Los reinos del mundo han venido a ser de nuestro Señor y de su Cristo; y él reinará por los siglos de los siglos.
>
> —Apocalipsis 11:15

Estoy seguro de que la adoración girará en torno a Dios. Será unicamente para exaltar a Jesucristo. Ningún ser humano querrá atención y ningún líder de adoración querrá sobresalir. Ningún compositor tendrá necesidad de escribir una canción mejor, con palabras mejores o melodías originales.

No sé si habrá predicación en el cielo, a menos que sea para proclamar la gloria del Padre, del Hijo y del Espíritu Santo. Pero de algo estoy seguro: no habrá ganancia de almas en el cielo. Todos serán salvados. No habrá diezmo en el cielo. ¡Aunque para algunos no ha habido diezmo en la tierra! No habrá que darles a los pobres en el cielo. Nadie necesitará dinero. Muy posiblemente haya enseñanza en el cielo, y yo espero aprender. Pero no habrá necesidad de que un maestro con un gran ego nos quiera decir algo que no se haya dicho antes, ¡pues nadie buscará ser más original que los demás! Mientras que una de las señales de los últimos días será que la gente estará aprendiendo, pero *nunca podrá* llegar a la verdad (ver 2 Tim 3:7), creo que en el cielo siempre aprenderemos, pero *podremos* captar y regocijarnos en la completa verdad. No habrá versículos difíciles sin explicación, ni verdades que sean demasiado profundas, ni teorías falsas. No habrá herejías en el cielo.

Admito una medida de especulación en este capítulo, pero creo que no solo obtendremos respuestas a nuestras preguntas, sino que veremos dónde nos equivocamos en nuestras opiniones.

En cuanto a la respuesta de Dios respecto a la pregunta "¿Por qué permitió el sufrimiento y el mal?", esta será respondida en el tribunal de Cristo. Me ocupo de esto en mi libro *Totally Forgiving God*.[8] La pregunta planteada en Habacuc: ¿Por qué permite Dios el mal y el sufrimiento? (ver Hab 2:13), será respondida total y absolutamente el día en que toda rodilla se doble y toda lengua confiese que Jesucristo es el Señor para la gloria de Dios el Padre (ver Fil 2:9–11).

También creo que Dios nos permitirá ver con detalle lo que sucedió durante los años y siglos previos. Imaginemos un DVD gigante (o algo así) que nos permita ver:

- La creación
- La caída
- A Abraham intentando sacrificar a Isaac
- La Pascua y los israelitas cruzando el mar Rojo en seco
- A Elías haciendo descender fuego en el Monte Carmelo
- El nacimiento de Jesús, los reyes y los pastores
- Jesús predicando el Sermón del Monte
- La crucifixión de Jesús, y todo lo que sufrió

- La resurrección de Jesús
- El pentecostés y el sermón de Pedro
- Pablo en prisión escribiendo sus Epístolas
- Juan en la isla de Patmos

Veremos claramente los acontecimientos de la historia de la Iglesia:

- Policarpo muriendo en la hoguera
- La formación del canon de las Escrituras
- Atanasio defendiendo la deidad de Jesucristo
- Martín Lutero clavando sus 95 tesis en Wittenberg
- Nicholas Ridley y Hugh Latimer muriendo en la hoguera
- La predicación de George Whitefield
- John Wesley predicando
- "Pecadores en las manos de un Dios enojado" de Jonathan Edwards
- El avivamiento de Cane Ridge
- El avivamiento de la calle Azusa en Los Ángeles
- Cualquier acontecimiento en la historia o de la historia de la Iglesia que nos gustaría visualizar.

En el cielo nos reuniremos personalmente con los grandes hombres y mujeres de la Biblia, así como con otros personajes maravillosos de la historia. Con todos ellos. Personalmente, quiero encontrarme con el apóstol Pablo. Le preguntaré: "¿Interpreté fielmente lo que dijiste sobre la fe de Cristo?". Quiero preguntarle a Santiago: "¿Realmente entendí bien Santiago 2:14 en tu Epístola?". Quiero encontrarme con mi héroe Martín Lutero. Con Juan Calvino, mi teólogo favorito. Con Charles Wesley y John Newton, mis escritores de himnos favoritos. Con Martyn Lloyd-Jones, mi mentor principal.

Una de las cosas que espero sea verdad es la reunión con nuestros seres queridos. Mi madre ha estado allí desde 1953, mi padre desde el 2002. Tengo amigos que quiero ver allí. Todos los que han moldeado mis pensamientos y mi estilo de predicación.

Pero antes que nada, y no tengo palabras cómo decirlo... solo sé que ¡QUIERO VER A JESÚS! *Lo más maravilloso es que podremos verlo antes de ver a cualquier otra persona.* Personalmente quiero adorarlo, agradecerle por dejar el cielo, por convertirse en nada, en un ser humano sin ninguna reputación, en un embrión en el vientre de la virgen María. Quiero agradecerle por guardar la Ley. Por nunca pecar, por morir en la cruz, por salvarme. Quiero agradecerle por su infinita paciencia conmigo. ¡Estoy seguro de que hablo por usted también! ¡Eso espero! Sería inconcebiblemente horrible perderse el cielo. No hay razón para perdérselo.

Esta es la verdad: el cielo es real. "Escribe —le dijo el ángel a Juan—, porque estas palabras son fieles y verdaderas" (Ap 21:5). La Biblia es la Palabra de Dios infalible;

es la integridad de Dios puesta en juego. Su integridad, su Palabra, su honor y su gloria están en juego.

8. El cielo es un lugar donde no hay oscuridad, sino luz perpetua.

Es lo opuesto a lo que es satánico. Lo opuesto al mal. Jesús dijo que los hombres amaron más las tinieblas que la luz porque sus obras son malas (Jn 3:18). Pero "Dios es luz, y no hay ningunas tinieblas en él" (1 Jn 1:5). Su luz brilla en el cielo de tal forma que no se necesita del sol. El apóstol Pablo escribió que cuando fue abatido en el camino a Damasco, vio una luz del cielo "que sobrepasaba el resplandor del sol" (Hch 26:13). Juan vio al Cristo glorificado en la isla de Patmos y testificó que su *rostro* era "como el sol cuando resplandece en su fuerza" (Ap 1:16). En cuanto al cielo mismo, Juan dijo que no necesitaba la luna o el sol para que alumbraran, porque "la gloria de Dios la ilumina, y el Cordero es su lumbrera" (Ap 21:23).

9. El cielo es un lugar eterno.

¿Le ha pasado alguna vez que ha salido de vacaciones y no le gustaría que se terminaran nunca? Todo es tan agradable, tan relajante, tan hermoso. Nosotros solíamos ir a los Cayos de la Florida todos los veranos cuando estaba en Westminster Chapel. Siempre me sentía muy emocionado por comenzar a pescar con algunos amigos en Largo Sound en Cayo Largo. Pensaba: "Hoy es el primer día". Qué bien se sentía saber que era el *comienzo* de las vacaciones, aunque sabía que terminarían.

¡Me pregunto cómo será el primer día en el cielo! ¿Nos estaremos pellizcando todos los días, tratando de asimilar que durará para siempre? Seguramente parecerá demasiado bueno para ser verdad. ¡Cuando llevemos allí diez mil años, no habrán sido suficientes para cantar agradecimientos a Dios! Intente asimilar esto.

10. El cielo es nuestro hogar.

"Nuestra ciudadanía está en los cielos", dijo Pablo (Fil 3:20). Cuando se ha vivido en docenas de lugares en el mundo, como Louise y yo durante nuestros 59 años de matrimonio, ¡uno no sabe a qué lugar llamar hogar! Al momento de escribir este libro, pasamos unos seis meses en Londres y seis meses en Tennessee. Una vez le pregunté a Jackie Pullinger: "¿Dónde está tu hogar?". Ella me miró y señaló hacia el cielo y agregó: "Y lo digo en serio". Yo le creo, pues me siento de la misma manera.

Aquí en la tierra casi nunca uno puede regresar a su hogar. Hace unos años llevé a mi familia a Hilton Avenue en Ashland, Kentucky. Nuestra vieja casa no lucía ni remotamente igual a como la habíamos dejado. El cerezo en el patio delantero ya no estaba. Nada en el patio trasero estaba igual. El porche frontal había desaparecido. Fue una gran decepción. De todas formas, no podíamos quedarnos en ella.

Cuando era adolescente, cantaba en un cuarteto. Nos llamábamos "El cuarteto del rey David". Una de las canciones que cantábamos en esos días, decía:

> Este mundo no es mi hogar, solo estoy de paso
> en él.
> Mis tesoros están en algún lugar más allá del cielo.
> Los ángeles me llaman desde las puertas abiertas
> del cielo,

y ya no me siento como en casa en este mundo.
—Albert Edward Brumley (1905–1977)
"This World Is Not My Home"[9]

Dios no quiere que aquí nos sintamos en casa. ¿Se ha preguntado por qué todavía tenemos pruebas y tribulaciones? ¿Problemas financieros? ¿Problemas de salud? ¿Se le ha ocurrido que si tuviéramos todo lo que quisiéramos aquí, nos enamoraríamos demasiado de las cosas de esta tierra?

Dios quiere que fijemos nuestra mirada en la ciudad que Abraham imaginó. A él nunca se le permitió sentirse a gusto en este mundo. ¿Tiene usted problemas para adaptarse a este mundo? ¡Felicitaciones! Dios lo está tratando como trató a Abraham. Y yo diría que es la mejor compañía posible. En cuanto al primer día en el cielo, pienso en una línea del himno "When We All Get to Heaven":

Solo una vislumbre de su gloria
pagará todos los sufrimientos de la vida.
—Eliza E. Hewitt (1801–1900)
"When We All Get to Heaven"[10]

O medite en estas palabras:

Cuando veamos a Jesús
Sabremos que todo valió la pena.
Las pruebas de la vida serán leves
cuando veamos a Jesús
La vista de su rostro disipará el dolor.
Así que corre valiente hasta ver a Jesús.
—Esther Kerr Rusthoi (1909–1962)
"Cuando veamos a Cristo"[11]

CONCLUSIÓN

POCO DESPUÉS DEL asesinato de Martin Luther King Jr., siendo yo pastor de la iglesia bautista Lauderdale Manors en Fort Lauderdale, Florida, invité a predicar al pastor titular de la Iglesia Bautista Mount Olivet, una iglesia afroamericana cercana. Lo hice en parte para mostrar solidaridad con él y su iglesia en un momento en que había mucha tensión racial. Él trajo su coro y cantaron magnífico. Fue una noche inolvidable y el sermón del pastor fue excelente. Todos sabían que las tensiones raciales eran altas. En su sermón, el anciano pastor recalcó que muchos predicadores se habían alejado de la predicación del Evangelio y estaban enfocándose en temas como la justicia social. El énfasis se había alejado del tema del cielo y se enfocaban en el aquí y ahora. El Evangelio tradicional de Cristo estaba a punto de desaparecer en muchos lugares —dijo—, especialmente en los púlpitos de las iglesias afroamericanas. El viejo pastor de color comenzó a emocionarse mientras comenzaba a citar algunos de los tradicionales cantos espirituales a los que me referí al comenzar el capítulo sobre el cielo en este libro. Su sermón alcanzó su punto máximo cuando dijo en voz alta: "¡NO ME QUITEN EL CIELO!".

Nos recordó que era la esperanza del cielo fue lo que en gran medida trajo a los esclavos negros del sur a aceptar el Evangelio. Mi amigo pastor temía que la próxima generación se olvidara de predicar y cantar sobre el cielo. Es comprensible que esto suceda en la comunidad negra. El sufrimiento por el que han pasado ha hecho que se haga mucho énfasis en la justicia social en nuestro tiempo. Su enérgica expresión: "¡NO ME QUITEN EL CIELO!" es un oportuno recordatorio de que este mundo no es todo lo que existe.

Si ha habido un descuido de la predicación sobre el infierno en nuestra generación, sospecho que la predicación sobre el cielo también ha sido sustituida por asuntos concernientes con el aquí y ahora. Hemos perdido el enfoque.

Lo que nos llevará al cielo es el Evangelio de Jesucristo. Todos moriremos y luego de la muerte enfrentaremos el Juicio Final (Heb 9:27). La pregunta es: "¿Dónde pasaremos la eternidad?". Esta es seguramente la pregunta más importante que podamos plantearnos.

Tuve el privilegio de compartir un poco con Billy Graham. También he pasado algunos momentos con Gigi, su hija mayor. Un día, le pregunté: "Gigi, ¿cuál crees que era el secreto de tu padre?".

Ella no dudó en responder. "Papá creció cantando un pequeño estribillo que influyó en toda su vida":

> Con los ojos puestos en la eternidad, Señor,
> Con los ojos puestos en la eternidad,
> ¿Puedo trabajar cada día por Jesús?
> Con los ojos puestos en la eternidad.
>
> —ALFRED B. SMITH (1916–2001)
> "WITH ETERNITY'S VALUES IN VIEW"[1]

Termino este libro diciendo que si usted tiene alguna duda sobre dónde pasará la eternidad, por favor repita esta oración desde el corazón:

> *Señor Jesucristo, te necesito. Te amo. Sé que soy un pecador y te pido perdón por mis pecados. Por favor, lávame con tu sangre. Gracias por morir en la cruz por mí. Me arrepiento de mis pecados y recibo tu Espíritu Santo en mi vida. Te entrego mi vida. Amén.*

NOTAS

Prólogo

1. C. S. Lewis, *The Problem of Pain* (Nueva York: MacMillan, 1962).

Prefacio

1. "Smith Wigglesworth's 1947 Prophetic Word", Pray for Scotland, visitada el 22 de agosto de 2017, http://www.prayforscotland.org.uk/smith-wigglesworths-1947-prophetic-word/.

Capítulo uno: Redescubramos el verdadero evangelio

1. "Martin Luther", Biography.com, visitada el 24 de agosto de 2017, https://www.biography.com/people/martin-luther-9389283.
2. "Luther and Protestantism", Boundless.com, visitada el 24 de agosto de 2017, https://www.boundless.com/world-history/textbooks/boundless-world-history-textbook/the-protestant-reformation-12/protestantism-56/luther-and-protestantism-1034-17635/.
3. Ian Brown, "Some Monkery", The Reformation Room, 26 de abril de 2017, visitada el 24 de agosto de 2017, https://www.thereformationroom.com/single-post/2017/04/27/Some-Monkery.
4. Brown, "Some Monkery".
5. "The Life and Work of Martin Luther", lutheran-resources.org, visitada el 24 de agosto de 2017, http://www.lutheran-resources.org/who_was_luther_2.htm.
6. Richard Barcellos, "Remembering Martin Luther: Part II (Luther's Conversion)", Covenant Baptist

Theological Seminary, 30 de octubre de 2010, visitada el 24 de agosto de 2017, https://cbtseminary.org/remembering-martin-luther-part-ii-luthers-conversion/.

7. Claire Ridgway, "Martin Luther by Sarah Bryson", visitada el 24 de agosto de 2017, https://www.tudorsociety.com/martin-luther-sarah-bryson/.
8. "Lesson 31—The Spread and Impact of the Reformation", visitada el 24 de agosto de 2017, http://tinyurl.com/y8h3gjrl.
9. "Martin Luther and the 95 Theses", History.com, visitada el 25 de agosto de 2017, http://www.history.com/topics/martin-luther-and-the-95-theses.
10. Steven Lawson, "Fortress for Truth: Martin Luther", Ligonier Ministries, 17 de octubre de 2014, visitada el 24 de agosto de 2017, http://www.ligonier.org/blog/fortress-truth-martin-luther/.
11. "Scala Sancta (Holy Stairs)", New Advent, visitada el 24 de agosto de 2017, http://www.newadvent.org/cathen/13505a.htm.
12. Danika Cooley, *When Lightning Struck! The Story of Martin Luther* (Minneapolis, MN: Fortress Press, 2015), visitada el 25 de agosto de 2017, http://tinyurl.com/yczc22fz.
13. Lawson, "Fortress for Truth: Martin Luther", Ligonier Ministries, visitada el 28 de agosto de 2017, http://www.ligonier.org/blog/fortress-truth-martin-luther/.
14. James Reston Jr., *Luther's Fortress: Martin Luther and His Reformation Under Siege* (Nueva York: Basic Books, 2015), visitada el 25 de agosto de 2017, http://tinyurl.com/yajcndyy.
15. "The Tower Experience", Reformation Theology, visitada el 25 de agosto de 2017, http://www.reformationtheology.com/2010/05/the_tower_experience_1.php.

16. Scott H. Hendrix, *Martin Luther: Visionary Reformer* (New Haven, CT: Yale University Press, 2015), p. 220, visitada el 28 de agosto de 2017, http://tinyurl.com/yajuvhfl.
17. "Modern History Sourcebook—Martin Luther: The Tower Experience, 1519", Fordham University, visitada el 28 de agosto de 2017, https://sourcebooks.fordham.edu/mod/1519luther-tower.asp.
18. Donald K. McKim, *The Cambridge Companion to Martin Luther* (Cambridge University Press, 2003), p. 90, visitada el 28 de agosto de 2017, http://tinyurl.com/ycr9r7gd.
19. "Martin Luther and the 95 Theses", History.com, visitada el 28 de agosto de 2017, http://www.history.com/topics/martin-luther-and-the-95-theses.
20. "Ninety-five Theses", *Encyclopaedia Britannica*, visitada el 28 de agosto de 2017, https://www.britannica.com/event/Ninety-five-Theses.
21. Gene Edward Veith Jr., *A Place to Stand: The Word of God in the Life of Martin Luther* (Nashville, TN: Cumberland House, 2005), p. 47, visitada el 28 de agosto de 2017, http://tinyurl.com/ycfo6pbz.
22. "Ninety-five Theses", *Encyclopaedia Britannica*, visitada el 28 de agosto de 2017, https://www.britannica.com/event/Ninety-five-Theses.
23. "Ninety-five Theses", *Encyclopaedia Britannica*.
24. "Protestant Reformation", Medieval Life and Times, visitada el 29 de agosto de 2017, http://www.medieval-life-and-times.info/medieval-religion/protestant-reformation.htm.
25. Henry Zecher, "The Bible Translation That Rocked the World", *Christianity Today*, visitada el August 29, 2017, http://www.christianitytoday.com/history/issues/issue-34/bible-translation-that-rocked-world.html.

26. "Epistle to Galatians", BiblicalTraining.org, visitada el 29 de agosto de 2017, https://www.biblicaltraining.org/library/epistle-galatians.
27. "Epistle to Galatians", visitada el 29 de agosto de 2017, https://www.biblicaltraining.org/library/epistle-galatians.
28. "Martin Luther", PBS, visitada el 29 de agosto de 2017, http://www.pbs.org/empires/martinluther/char_wife.html.
29. "This Day in History", History.com, visitada el 29 de agosto de 2017, http://www.history.com/this-day-in-history/martin-luther-excommunicated.
30. "Diet of Worms", *Encyclopaedia Britannica*, visitada el 30 de agosto de 2017, https://www.britannica.com/event/Diet-of-Worms-Germany-1521.
31. "Diet of Worms," *Encyclopaedia Britannica*.
32. Archie Parrish, ed., *A Simple Way to Pray: The Wisdom of Martin Luther on Prayer* (Okahumpka, FL: Serve International, 2011), visitada el 30 de agosto de 2017, https://pcabookstore.com/samples/4764.pdf.
33. Martin Luther, *Luther's Works, 33: Career of the Reformer* III (Minneapolis, MN: Fortress Press, 1957), visitada el 24 de agosto de 2017, https://www.goodreads.com/work/quotes/4878257-luther-s-works-33-career-of-the-reformer-iii-luther-s-works. En algunas fuentes aparecen declaraciones entre corchetes.
34. Lawrence Cummins, "Martin Luther—Defender of Justice and Seeker of Truth", The Church of Jesus Christ of Latter-Day Saints, octubre de 1984, visitada el 30 de agosto de 2017, https://www.lds.org/friend/1984/10/martin-luther-defender-of-justice-and-seeker-of-truth?lang=eng.
35. Cummins, "Martin Luther."
36. "Martin Luther Quotes", Goodreads, visitada el 30 de agosto de 2017, https://www.goodreads.com/author/quotes/29874.Martin_Luther.

37. Ray Shelton, "William H. Durham and the Doctrine of Sanctification", 1 de diciembre de 1973, visitada el 30 de agosto de 2017, http://www.apostolicarchives.com/article/article/8801925/173917.htm.
38. Joseph Hart, "Come, Ye Sinners, Poor and Needy", dominio público.

Capítulo dos: La tergiversación del evangelio

1. R. T. Kendall, *Tithing* (Grand Rapids, MI: Zondervan, 1992).
2. Wayne A. Grudem y Gregg Allison, *Systematic Theology/Historical Theology* bundle (Nueva York: HarperCollins, 2015), visitada el 12 de octubre de 2017, http://tinyurl.com/yb2nyonr.
3. Grudem y Allison, *Systematic Theology/Historical Theology* bundle.
4. Augustus Toplady, *The Works of Augustus M. Toplady*, t. 4 (Londres: William Baynes and Son, 1825), p. 265, visitada el 12 de octubre de 2017, http://tinyurl.com/yavrhjlz.
5. R. T. Kendall, David Rosen, *The Christian and the Pharisee* (Nashville, TN: FaithWords, 2007).
6. *Martyn McGeown,* "The Notion of Preparatory Grace in the Puritans", Covenant Protestant Reformed Church, visitada el 17 de octubre de 2017, http://www.cprf.co.uk/articles/preparationism.htm#.WeYTuWhSwdU; ver también: "1636—Hartford", The Society of Colonial Wars in the State of Connecticut, visitada el 17 de octubre de 2017, http://colonialwarsct.org/1636.htm.
7. Paul Chang-Ha Lim, *In Pursuit of Purity, Unity, and Liberty: Richard Baxter's Puritan Ecclesiology in Its Seventeenth-Century Context* (Leiden, Países Bajos: Brill, 2004), p. 36.

8. R. T. Kendall, *Calvin and English Calvinism to 1649* (Eugene, OR: Wipf & Stock Publishers, 2011).
9. "D. Martyn Lloyd-Jones Quotes", Goodreads, visitada el 17 de octubre de 2017, https://www.goodreads.com/author/quotes/7810781.D_Martyn_Lloyd_Jones.
10. Thomas F. Torrance, *The Doctrine of Grace in the Apostolic Fathers* (Grand Rapids, MI: Wm. B. Eerdmans Publishing Company, 1960).
11. Torrance, *The Doctrine of Grace in the Apostolic Fathers.*
12. Para más información, lea John Piper, *The Future of Justification: A Response to N. T. Wright* (Wheaton, IL: Crossway Books, 2007).

Capítulo tres: Reconozcamos y evitemos lo falso

1. R. T. Kendall, *The Sermon on the Mount* (Grand Rapids, MI: Chosen Books, 2011).
2. Donald L. Roberts, "John Wycliffe and the Dawn of the Reformation", *Christianity Today*, visitada el 17 de octubre de 2017, http://www.christianitytoday.com/history/issues/issue-3/john-wycliffe-and-dawn-of-reformation.html.
3. Barry Hoberman, "Translating the Bible", *The Atlantic*, febrero de 1985, visitada el 17 de octubre de 2017, https://www.theatlantic.com/past/docs/issues/85feb/transbib.htm.
4. "The Oxford Martyrs: Thomas Cranmer—Archbishop of Canterbury", *Continuing Reformation*, 18 de octubre de 2015, visitada el 17 de octubre de 2017, https://continuingreformation.wordpress.com/2015/10/18/the-oxford-martyrs-thomas-cranmer-archbishop-of-canterbury/.
5. Kendall, *Calvin and English Calvinism to 1649.*
6. En comunicación con el autor.

Capítulo cuatro: Una falsa enseñanza generalizada

1. En comunicación con el autor.
2. "Marcion", New World Encyclopedia, visitada el 17 de octubre de 2017, http://www.newworldencyclopedia.org/entry/Marcion.
3. En comunicación con el autor.
4. En comunicación con el autor.
5. R. T. Kendall, *Holy Fire* (Lake Mary, FL: Charisma House, 2014).

Capítulo cinco: No me avergüenzo del evangelio

1. *Strong's Concordance*, s.v. "*euaggelion*", visitada el 17 de octubre de 2017, http://biblehub.com/greek/2098.htm.
2. E. M. Bounds, *Power Through Prayer* (Eastford, CN: Martino Fine Books, rev. 2014), visitada el 18 de octubre de 2017, https://www.biblebelievers.com/em_bounds/em-bounds_ch17.html
3. "Ludwig Feuerbach", Boston Collaborative Encyclopedia of Western Theology, visitada el 18 de octubre de 2017, http://people.bu.edu/wwildman/bce/feuerbach.htm.
4. L. Agnes Russell, "Protestant Reformation Was Monumental for Modern Christians", Appeal.com, 17 de octubre de 2017, visitada el 18 de octubre de 2017, http://newtoncountyappeal.com/columns-social/protestant-reformation-was-monumental-modern-christians#sthash.GsqfJAXU.dpbs.
5. Martín Lutero, "Preface to the Letter of St. Paul to the Romans", Christian Classics Ethereal Library, visitada el 18 de octubre de 2017, http://www.ccel.org/l/luther/romans/pref_romans.html.

6. F. F. Bruce, *Romans* (Downers Grove, IL: Intervarsity Press, USA, 1985), 20–21, https://books.google.com/books?id=UTC1CgAAQBAJ&pg.
7. R. T. Kendall, *In Pursuit of His Glory* (Lake Mary, FL: Charisma House, 2004).
8. En comunicación con el autor.

Capítulo seis: El corazón del evangelio

1. "Ronald Reagan Quotes", Goodreads, visitada el 18 de octubre de 2017, https://www.goodreads.com/quotes/29359-there-is-no-limit-to-the-amount-of-good-you.
2. C. H. Spurgeon, *All of Grace*, visitada el 17 de noviembre de 2017, https://www.ccel.org/ccel/spurgeon/grace/files/grace.html.
3. "Fourfold Satisfaction", The Charles Spurgeon Sermon Collection, visitada el 18 de octubre de 2017, http://thekingdomcollective.com/spurgeon/sermon/2726/.
4. Francis A. Schaeffer, "Baptism of Infants", Reformed Literature.com, visitada el 18 de octubre de 2017, http://www.reformedliterature.com/schaeffer-baptism-of-infants.php?print=on.
5. Jonathan Arnold, "Baptism is Not About Making a Public Statement", God's Missionary Church, 13 de septiembre de 2017, visitada el 30 de octubre de 2017, http://www.godsmissionarychurch.org/blog/baptism-is-not-about-making-a-public-statement.

Capítulo siete: La fe de Cristo

1. David Brainerd y Jonathan Edwards, *The Life and Diary of David Brainerd* (Grand Rapids, MI: Baker Book House, 1989).
2. John Wesley, *The Works of the Reverend John Wesley, A.M.* (New York: T. Mason y G. Lane, 1839), 232,

https://books.google.com/books?id
=g8gOAAAAIAAJ&dq.
3. En comunicación con el autor.
4. John Calvin, *Institutes*, 3.1.1, como citado en "Calvin: No Salvation Without Sanctification,: Mere Orthodoxy, 25 de octubre de 2013, https://mereorthodoxy.com/calvin-no-salvation-without-sanctification/.
5. Charles Wesley, "Entered the Holy Place Above", dominio público.

Capítulo ocho: Una fe genuina, no falsificada

1. *Strong's Concordance*, s.v. "*peitho*", visitada el 18 de octubre de 2017, http://biblehub.com/greek/3982.htm.
2. Augustus Toplady, "Rock of Ages", dominio público.
3. Matthew Westerholm, "The 'Cream of Creation' and the 'Cream of Faith': The Lord's Supper as a Means of Assurance in Puritan Thought", *Puritan Reformed Journal*, enero de 2011, visitada el 18 de octubre de 2017, http://www.galaxie.com/article/prj03-1-12#GPRJ3A123.
4. Martín Lutero, "Martin Luther's Definition of Faith", Internet Christian Library, visitada el 18 de octubre de 2017, https://www.iclnet.org/pub/resources/text/wittenberg/luther/luther-faith.txt.
5. John Calvin, *John Calvin: Selections From His Writings*, ed. John Dillenberger (New York: Anchor Books, 1975), 401, https://books.google.com/books?id=C8PQCwAAQBAJ&pg.

Capítulo nueve: La fe y las obras

1. En comunicación con el autor.
2. R.T. Kendall, *Justification by Works* (Carlisle, England: Paternoster, 2001).

Capítulo diez: El motivo por el que somos cristianos

1. Jonathan Edwards, "Sinners in the Hands of an Angry God", visitada el 18 de octubre de 2017, https://www.blueletterbible.org/Comm/edwards_jonathan/Sermons/Sinners.cfm.
2. Billy Graham, *Where I Am: Heaven, Eternity, and Our Life Beyond* (Nashville, TN: Thomas Nelson, 2015).
3. R. T. Kendall, *Perdón total* (Lake Mary, FL: Casa Creación, 2004).

Capítulo once: El infierno

1. William Booth, citado en R. T. Kendall, *Unashamed to Bear His Name* (Grand Rapids, MI: Baker Books, 2012).
2. John Newton, "Amazing Grace", dominio público.
3. C. S. Lewis, *Letters to Malcolm* (Wilmington, ME: Mariner Books, 2002).
4. Thomas Brooks, *Heaven on Earth* (Edinburgh, Scotland: Banner of Truth, 1961).
5. C. S. Lewis, *The Problem of Pain* (Nueva York: MacMillan, 1962).
6. Wayne Grudem, *Systematic Theology* (Grand Rapids, MI: Zondervan, 1994).
7. Charles Wesley, "Where Shall My Wondering Soul Begin", dominio público.
8. R. T. Kendall, *The Parables of Jesus* (Grand Rapids, MI: Chosen Books, 2008).
9. Mary A. Kidder, "Is My Name Written There?", dominio público.

Capítulo doce: El cielo

1. Ira Stanphill, "Mansion Over the Hilltop", dominio público.
2. R. T. Kendall, *Prepare Your Heart for the Midnight Cry* (Charisma House, 2016).
3. Fanny Crosby, "Saved by Grace", dominio público.
4. "The Four States of Libertas Naturae," Reformation Theology, 16 de mayo de 2006, http://www.reformationtheology.com/2006/05/the_four_states_of_libertas_na_1.php.
5. R. T. Kendall, *Worshipping God* (Lake Mary, FL: Charisma House, 2017).
6. John Oatman Jr., "Holy, Holy Is What the Angels Sing", dominio público.
7. William W. Walford, "Sweet Hour of Prayer", dominio público.
8. R. T. Kendall, *Totally Forgiving God* (Lake Mary, FL: Charisma House, 2012).
9. Albert Edward Brumley, "This World Is Not My Home" (Albert E. Brumley & Sons, 1937, renovado 1965).
10. Eliza E. Hewitt, "When We All Get to Heaven", dominio público.
11. Esther Kerr Rusthoi, "When We See Christ", (Chicago, IL: Brentwood-Benson Composer Publishing, 1941, renovado 1969).

Conclusión

1. Alfred B. Smith, "With Eternity's Values in View" (Chicago, IL: Brentwood-Benson Music Publishing, 1941, renovado 1969).

ÍNDICE

95 tesis, las v, xxv–xxvi, 5, 7, 142, 179

A

aniquilación 143–151, 159, 172
antinomismo 15, 19–20, 24, 26
Arafat, Yasser 59
Atanasio 179
ateo(s) 63, 69, 74, 91, 108, 145, 176
avivamiento de Cane Ridge, el 155, 179
avivamiento de la calle Azusa, el 179

B

Barnard, Rolfe 48, 88
barthiano(s) 91–92, 95
Barth, Karl 42, 90–92, 94
Beza, Theodore 110
Blessit, Arthur 63, 67, 69, 103
Blessitt, Arthur v, 63
Booth, William 137
Borthwick, Kenny 32
Brainerd, David 88–89
Brooks, Thomas 141
Bruce, F. F. 62
Brumley, Albert Edward 183
budismo, budista(s) 52, 56, 62, 175

C

Calvin and English Calvinism to 1649 19, 32
Calvino, Juan xxxiv, 10–12, 19, 25, 30, 90–91, 93, 100, 109–110, 121–122, 180
canon de las Escrituras, el 43, 121, 179
Carson, D. A. 143
catolicismo romano, el 81
cielo en la tierra, El 141
Clemente de Roma 24
Cranmer, Thomas 29
cristianos de la letra roja 29
cristiano y el fariseo, El 16, 113
cristología 118
Criswell, W. A. 120
Cromwell, Oliver 73
Crosby, Fanny 170–171
crucificarlo 156
crucifixión de Jesús, la 178
"Cuatro cosas que David Brainerd aprendió" 88

D

Día de Pentecostés, el 57, 61, 127
Didaché, la 24
dunamis 57
Dye, Colin 82

E

Eaton, Michael 42, 44–45, 94, 120

Edwards, Jonathan 12, 88–89, 125, 126, 132, 179

Epístola(s) de Pablo 4, 6, 22–23, 38, 42, 45, 48, 53, 54, 55, 57, 61, 80, 113, 114, 127, 128, 179

"evangelio de la prosperidad, el" xxx–xxxi

"evangelio de la salud y las riquezas, el" xxx, xxxii

"evangelio político, el" xxxi

evangelismo explosivo 68

existencialismo, el 34

expiación 78

F

fariseísmo, el 15

fe sin obras, la 4, 115–116, 118

Feuerbach, Ludwig 58

G

gnosticismo 38

God TV 33

Gooding, David 150

Graham, Billy 13, 103, 130, 186

Gran Despertar, el 125

gran Reforma, la 6, 29–31, 110

Greathouse, William M. 10

Grudem, Wayne 143

H

Harnack, Adolf von 24

Hart, Joseph 12

Hewitt, Eliza E. 183

hipergracia, la xxx–xxxi, 15, 39–45, 114

Holy Fire 46

Hooker, Morna 93

Hooker, Thomas 16–18

I

Iglesia de Dios Universal, la 23

Iglesia del Nazareno, la 9–10

iglesias "amigables", las 127

Ignacio de Antioquía 23

In Pursuit of His Glory 63

J

Juan el Bautista 58–59, 126–129

judaizantes 22–23, 38

juicio final, el 148, 151, 186

justificación, la xxix, xxxiv, 2, 4, 12, 15–16, 19–22, 25, 28, 30, 32, 41, 44–45, 72–73, 75, 83, 87, 92, 94–95, 100, 108–109, 114–115, 117, 128, 169

Justification by Works 121

K

Kennedy, D. James 68

Kidder, Mary A. 154

Knox, John 29–30

L

Lady Margaret 93

Latimer, Hugh 179

Lewis, C. S. xvii, 139, 142

Lloyd-Jones, Dr. Martyn 9–10, 20, 24–26, 31, 46, 120, 180
Lutero, Martín xxv–xxvi, xxix, xxxiv, 2–8, 12, 20–21, 25, 29–31, 38, 60–61, 82, 99–100, 109, 113–115, 117, 119, 121–122, 142, 179–180

M

Marción 24, 28, 42–43, 114
marcionismo 42
métodos "amigables" 35
Morgan, G. Campbell 80
musulmán, el 52, 62
musulmanes, los 56, 82

N

nacimiento de Jesús, el 178
Newton, John 138, 180

O

Oatman, John Jr. 175
obediencia universal 32
ortodoxa griega, la 81
ortodoxa rusa, la 81
Oxford 16, 25, 30, 86, 90–92

P

Pablo en prisión 179
Packer, J. I. 143
padres apostólicos, los 21, 24, 38, 149
palabra *remá*, la xxxi
Parables of Jesus, The 151
Parker, T. H. L. 90–91
pastor de Hermas, el 24
Patmos 179, 181
Pecadores en las manos de un Dios enojado 125, 179
Pentecostés 43, 62, 179
Perdón total 131
Perkins, William 16, 19, 121
Piper, John 143
pistis christou 93–94, 96
Policarpo 23, 179
predestinarismo experimental 32
Prepare Your Heart for the Midnight Cry 163
Problem of Pain, The 142
propiciación 78
protestantismo, el 81
Pullinger, Jackie 182

R

Reforma del siglo XVI, la xxv, 32
resurrección, la 80–81, 96, 148, 170, 179
Ridley, Nicholas 179
Robinson, tío Buddy 165
Rosen, rabino Sir David 16, 113–114
Rusthoi, Esther Kerr 183

S

salvación del Señor, la 18–19
San Agustín de Hipona 25, 81, 149, 174
santificación, la xxxiii, 18, 21, 44

satisface 4, 78
Scala Sancta 3
Schaeffer, Francis 80
Septuaginta 150
sermón del monte, El 29, 139, 178
Shepard, Thomas 18–19
Smith, Alfred B. 186
Southern Baptist Theological Seminary 90
Spurgeon, Charles H. 69, 77–78, 109
Stanphill, Ira 163
sustitución 78

T

Tada, Joni Eareckson 69
"teísmo abierto" xxxi, 46–47
Teología sistemática 143
Tertuliano 91, 149
Tillich, Paul 91–92
Toplady, Augustus 15, 108
Torrance, Thomas F. 24, 91–92, 94
Totally Forgiving God 178
Trevecca Nazarene College 10, 129
tribunal de Cristo, el 8, 45, 72, 155, 178
Tyndale, William 29–30

U

universalismo xxxii, 93, 144
Universidad de Wittenberg, la 3

V

vida y obra de David Brainerd, La 89

W

Walford, William W. 176
Wesley, Charles 97, 146, 176, 180
Wesley, John 57, 89, 179
Where I Am: Heaven, Eternity and Our Life Beyond 130
Whitefield, George 103–105, 179
Williams, R. T. 9
Wimber, John xxxiii
Worshipping God 175
Wycliffe, Juan 29–30

Y

Yeshua 56